# カザフ語文法読本

中嶋善輝 著

東京 **大学書林** 発行

# ҚАЗАҚ ТІЛІНІҢ ГРАММАТИКАСЫ ЖӘНЕ ХРЕСТОМАТИЯСЫ

ЁШИТЕРУ НАКАШИМА


# Grammar and Reader of Kazakh Language

Yoshiteru NAKASHIMA

ДАЙГАКУШОРИН
ТОКИО — 2013

## まえがき

　本書は，2004年度東京外国語大学アジア・アフリカ言語文化研究所主催の，カザフ語研修用テキストの1つとして編んだ，『明解カザフ語文法』を基に整理・加筆し，新たに読本と語彙集を加えて，1冊にまとめたものです．

　カザフ語は，1991年に旧ソ連から独立を果たしたカザフスタン共和国の国家語です．アルタイ諸語の内，トルコ語やウズベク語などと同じくチュルク語の1つで，カザフスタンはもとより，近隣の中央アジア諸国や，中国の新疆ウイグル自治区北西部，モンゴル国西部地域などに広がって暮らす，人口1000万以上に及ぶカザフ系の人々の多くが用いている言語です．キルギス共和国のキルギス語や，ウズベキスタン共和国のカラカルパク語，北カフカスのノガイ語などとは，とても近い方言関係にあり，カザフ語の知識があれば，意思疎通やそれらの言語の習得は，さほど困難ではありません．語順は基本的に日本語と同じく，主語・目的語・述語（動詞）の順に並ぶ，いわゆるSOV型です．名詞の格変化や動詞の活用は，きわめて規則的な体系をしていて，日本人にはとてもなじみやすい，表現力豊かな言語です．

　カザフスタンは，272万km²という世界第9位の広大な国土（日本の7.2倍）があります．石油や天然ガス，レアメタルといった地下資源にも富み，旧ソ連からの独立後，近年の中央アジア諸国では希に見る急速な発展を遂げてきました．首都アスタナの設計には，日本人建築家が携わった他，有名なバイコヌール宇宙基地は，日本人宇宙飛行士たちも度々利用しています．日本企業の進出も相次ぎ，人的交流を含め，両国関係はますます深まってきています．

　かつてカザフスタンは，ソ連の一国家として，ロシア人も多く暮らし，エリート層の言語であるロシア語を，カザフ人たちは積極的に身に付け，近代化を果たしてきました．そのため，カザフスタンでは現在でも，ロシア語が公用語として広く普及しています．しかしながら，独立国としての意識の高まりと共に，カザフ語での教育や出版，報道活動も，いよいよ盛んになってきました．インターネットを使えば，日本にいながらにして，毎日カザフ語

カザフ語文法読本

でニュースを聞くこともできるし，カザフ語の動画サイトなども気軽に楽しむことが出来ます．

　さて，本書作成に当たっては，2004年の言語研修以来，Бақыт Дуаметұлы 氏（カザフ工業大学）からは，文献資料の提供や，ネイティブならではの得がたい助言や貴重な見解を，数多く賜りました．心より感謝申し上げる次第です．また，大学書林編集部様には，早くから出版依頼を頂戴しながらも，筆者の執筆作業の遅れで，随分とお待たせすることとなりました．この場をお借りして，お詫びと感謝を表します．

　本書がささやかなりとも，両国民の相互理解と交流の促進につながれば，これに勝る喜びはありません．

2013年2月吉日<br>
中嶋善輝

# 目　　次

まえがき ……………………………………………………………… i
目次 ………………………………………………………………… iii
凡例 ………………………………………………………………… viii
参考文献 …………………………………………………………… ix

## 第1部　文字と発音 ……………………………………………… 2
　カザフ語の文字 …………………………………………………… 2
　カザフ語アルファベット ………………………………………… 2
　　基本母音 ……………………………………………………… 3
　　補助母音 ……………………………………………………… 4
　　子音 …………………………………………………………… 5
　　記号 …………………………………………………………… 6
　　母音調和 ……………………………………………………… 7
　　長母音 ………………………………………………………… 8
　　二重母音 ……………………………………………………… 8
　　アクセント …………………………………………………… 8

## 第2部　カザフ語のつくり ……………………………………… 9
　語順 ………………………………………………………………… 9
　体系 ………………………………………………………………… 9
　品詞類 ……………………………………………………………… 9

## 第3部　名詞類 …………………………………………………… 11
　1.　複数接尾辞と所有接尾辞 …………………………………… 11
　　（1）複数接尾辞 ……………………………………………… 11
　　（2）所有接尾辞 ……………………………………………… 12
　2.　名詞の格 ……………………………………………………… 18
　　（1）主格 ……………………………………………………… 18
　　（2）属格（+ның⁶）………………………………………… 18

　　　　　(3) 与格（+ға[8]） ………………………………………… 20
　　　　　(4) 対格（+ны[7]） ………………………………………… 21
　　　　　(5) 位格（+да[6]） ………………………………………… 22
　　　　　(6) 奪格（+дан[6]） ……………………………………… 23
　　　　　(7) 助格（+мен[3]） ……………………………………… 25
　　　　　(8) その他（準格語尾） ………………………………… 27
　　3. 代名詞 ………………………………………………………… 30
　　　　　(1) 人称代名詞 ……………………………………………… 30
　　　　　(2) 再帰代名詞 ……………………………………………… 32
　　　　　(3) 指示代名詞 ……………………………………………… 33
　　　　　(4) 疑問代名詞 ……………………………………………… 36
　　　　　(5) 総括代名詞 ……………………………………………… 37
　　　　　(6) 不定代名詞 ……………………………………………… 37
　　　　　(7) 否定代名詞 ……………………………………………… 38
　　　　　(8) 所有代名詞 ……………………………………………… 39
　　4. 補助名詞 ……………………………………………………… 40
　　5. 形容詞 ………………………………………………………… 42
　　　　　(1) 性質形容詞 ……………………………………………… 42
　　　　　(2) 関係形容詞 ……………………………………………… 46
　　6. 数詞 …………………………………………………………… 50
　　　　　(1) 基数詞 …………………………………………………… 50
　　　　　(2) 概数詞 …………………………………………………… 52
　　　　　(3) 分配数詞 ………………………………………………… 53
　　　　　(4) 分数詞と小数 …………………………………………… 53
　　　　　(5) 集合数詞 ………………………………………………… 54
　　　　　(6) 序数詞 …………………………………………………… 54
　　7. екен ……………………………………………………………… 57

# 第4部　動詞類 ……………………………………………………… 58
　動詞類と他の品詞類との関係 ………………………………………… 58
　　1. 不定形と動詞語幹 …………………………………………… 59

目 次

2. 動詞の否定形（=ма⁶=） …………………………………… 62
3. 相の接尾辞 …………………………………………………… 64
4. 態の接尾辞 …………………………………………………… 65
    (1) 使動態 ………………………………………………… 65
    (2) 受動態 ………………………………………………… 66
    (3) 再帰態 ………………………………………………… 67
    (4) 相動態 ………………………………………………… 68
5. 単純過去形と条件形 ………………………………………… 69
    動詞人称接尾辞 …………………………………………… 69
    (1) 単純過去形（=$dы^4$） ……………………………… 69
    (2) 条件形（=$са^2$） …………………………………… 72
6. e$di$ …………………………………………………………… 75
7. 命令形 ………………………………………………………… 76
8. 勧奨形（=ғай⁴） ……………………………………………… 79
9. 副動詞 ………………………………………………………… 80
    (1) 完了副動詞（=ып³） ………………………………… 80
    (2) 未完了副動詞（=а³） ………………………………… 84
    (3) 待機・目的副動詞（=ғалы⁴） ……………………… 87
10.  形動詞 ……………………………………………………… 89
    (1) 完了形動詞（=ған⁴） ………………………………… 89
    (2) 未完了形動詞（=атын⁴） …………………………… 94
    (3) 予期形動詞（=ар³） ………………………………… 96
    (4) 従事形動詞（=ушы⁴） ……………………………… 99
    (5) 意向形動詞（=мақ⁶(шы²)） ………………………… 100
11.  動名詞 ……………………………………………………… 102
    (1) =ғы⁴ …………………………………………………… 102
    (2) =у² …………………………………………………… 103
    (3) =ыс³ ………………………………………………… 104
12.  補助動詞 …………………………………………………… 105

カザフ語文法読本

## 第5部　不変化詞類 ………………………………………………… 115
   1.　副詞 ……………………………………………………………… 115
   2.　接続詞 …………………………………………………………… 116
      （1）並立接続詞 ………………………………………………… 116
      （2）選択接続詞 ………………………………………………… 116
      （3）逆接接続詞 ………………………………………………… 117
      （4）原因接続詞 ………………………………………………… 118
      （5）結果接続詞 ………………………………………………… 118
      （6）条件接続詞 ………………………………………………… 118
      （7）換言接続詞 ………………………………………………… 119
   3.　間投詞 …………………………………………………………… 119
   4.　挿入語 …………………………………………………………… 122
   5.　後置詞 …………………………………………………………… 123
      （1）主格支配 …………………………………………………… 123
      （2）属格支配 …………………………………………………… 127
      （3）与格支配 …………………………………………………… 127
      （4）奪格支配 …………………………………………………… 130
      （5）助格支配 …………………………………………………… 131
   6.　助詞類 …………………………………………………………… 132
      （1）人称助詞 …………………………………………………… 132
      （2）助動詞 ……………………………………………………… 135
      （3）その他の助詞 ……………………………………………… 138

## 第6部　読本 ………………………………………………………… 145
   【第1課】Түйе ……………………………………………………… 145
   【第2課】Су құстары …………………………………………… 145
   【第3課】Жалбыз ………………………………………………… 146
   【第4課】Көктем …………………………………………………… 147
   【第5課】Алатау …………………………………………………… 147
   【第6課】Айнакөл ………………………………………………… 148
   【第7課】Ораз ……………………………………………………… 149

【第8課】Менің сіңлім ······ 149
【第9課】Сәлім мен Әлім ······ 150
【第10課】Біздің оқытушы ······ 151
【第11課】Спортшы Бейбіт ······ 152
【第12課】Мұхтар Әуезов ······ 154
【第13課】Алдар Көсе мен бай баласы ······ 155
【第14課】Қожанасырдың тойға баруы ······ 156
【第15課】Қымыз ······ 157
【第16課】Аттың тұрмандары ······ 158
【第17課】Судың қасиеті ······ 159
【第18課】Мультфильм бізге қалай көрсетіледі? ······ 160
【第19課】Ұлы күн ······ 162
【第20課】Қазақ тілі — Қазақ халқының әдеби тілі және мемлекеттік тіл ······ 163

語彙集 ······ 165
回答集 ······ 205

# 凡　例

| | | |
|---|---|---|
| + | （プラス大） | ：前の語と離して綴ることを表す． |
| + | （プラス小） | ：名詞類・不変化詞類の接尾語につき，前の語にくっつけて綴ることを表す． |
| - | （ハイフン） | ：正書法上のハイフン． |
| ~ | （波形記号大） | ：主に和文中で，① 「或は」を表す．② 順序の中間部の省略を表す． |
| ~ | （波形記号小） | ：欧文中で ① 「或は」を表す．② 同上語の省略を表す． |
| → | | ：① 変化を表す．② 「見よ」を表す． |
| ← | | ：① 変化を表す．② 直訳から意訳を示す． |
| 〃 | | ：和文中で，同上語の省略を表す． |
| = | （半角等号小） | ：動詞人称接尾辞の区切りを表す． |
| = | （半角等号） | ：① 動詞語幹を表す．② 単独で綴り，同じであることを表す． |
| / | | ：交替形を並列する． |
| ( ) | （半角括弧） | ：省略可または必要に応じて用いることを表す． |
| （ ） | （全角括弧） | ：補足説明を表す． |
| [ ] | | ：① 発音記号を表す．② アラビア数字の，キリル文字によるカザフ語読みを表す．③ 和文中で，前の語との置換えを表す． |
| * | （アステリスク大） | ：項目末や欄外の冒頭で，補足説明を表す． |
| * | （アステリスク小） | ：綴りの左肩に付き，それが仮構形（説明上の仮の表記）であることを表す． |
| 注） | | ：下に注釈が1つあることを表す． |
| 1), 2), 3) ... | | ：下にその数の順に注釈があることを表す． |
| 2, 3 ... | （上付アラビア数字） | ：形態素の右肩に付きそのバリエーション数を表す． |
| 1, 2, 3 ... | （下付アラビア数字） | ：語彙集で，見出しの同音異義語を表す． |
| á, é, ó ... | | ：アクセントの位置を表す． |
| cf. | | ：比較・参照を表す． |

## 参考文献

(キリル文字)

Адамбаева, Ж. (1975), *Учебник казахского языка для IV класса русской школы,* «Мектеп», Алма-Ата.

Аманжолов, С., Әбілқаев, Ұйықбаев, И. (1955), *Қазақ тілі грамматикасы II, Синтаксис,* Қазақтың мемлекеттік оқу-педагогика баспасы, Алматы.

Әуелбаев, Ш., Наурызбаева, Ә., Ізғұттынова, Р., Тәжімбетова, С. (2008), *Ана Тілі* 1, «Атамұра», Алматы.

Базылхан, Б. (1977), *Қазақша-монғолша сөздік,* Улаанбаатар.

Базылхан, Б. (1984), *Монғолша-қазақша сөздік,* «Жана Өмир» сониы хэвлэх үйлдвэр, Улаанбаатар-Өлгий.

Балақаев, М., Қордабаев, Т. (1966), *Қазіргі қазақ тілі грамматикасы II, Синтаксис,* «Мектеп», Алматы.

Жанұзаков, Т. (1999), *Қазақ тілінің сөздігі,* «Дайк-Пресс», Алматы.

Исаев, С., Қосымова, Г., (2007), *Қазақ Тілі* 7, «Атамұра», Алматы.

Исаев, С., Назарғалиева, К., Дәулетбекова, Ж. (2006), *Қазақ Тілі* 6, «Атамұра», Алматы.

Қазақ ССР Ғылым Академиясы Тіл Білімі Институті (1967), *Қазақ тілінің грамматикасы I, Морфология,* Қазақ ССР-ның «Ғылым» баспасы, Алматы.

Қосымова, Г., Дәулетбекова, Ж. (2005), *Қазақ Тілі* 5, «Атамұра», Алматы.

Молотов, З., Айнабеков, Т. (1996), *Русско-уйгурско-казахский разговорник,* «Ана-Тілі» баспасы, Алматы.

Мусаев, К. М. (2008), *Казахский язык,* Издательская фирма «Восточная литература» РАН, Москва.

Рахметова, С., Әбдікәрімоба, Т., Қабатаева, Б. (2004), *Ана Тілі* 4, «Атамұра», Алматы.

Сыздықова, Р. (1988), *Қазақ тілінің орфографиялық сөздігі,* «Қазақстан», Алматы.

Уәйісова, Г. И., Асылов, Ұ. Ә., Жұмабаева, Ә. Е. (2004), *Қазақ Тілі* 4,

カザフ語文法読本

«Атамұра», Алматы.
Франк, В. Ю. (2006), *Универсальный справочник по современному казахскому языку,* Алматы.

(ラテン文字)
Koç, K., Doğan, O. (2004), *Kazak türkçesi grameri,* Gazi Kitabevi, Ankara.

〔あいうえお順〕
飯沼英三 著（1994），『カザフ語辞典』，ベスト社，東京.
―――（1995），『カザフ語入門』，ベスト社，東京.
耿世民 著（1989），『現代哈薩克語語法』，中央民族学院出版社，北京.
那衣満 等編（1989），『漢哈辞典』，新疆人民出版社，烏魯木斉.
中嶋善輝（2004），『明解カザフ語文法』（カザフ語研修テキスト3），東京外国語大学 アジア・アフリカ言語文化研究所，東京.
―――（2004），『カザフ語・日本語小辞典』（カザフ語研修テキスト4），東京外国語大学 アジア・アフリカ言語文化研究所，東京.
努爾別克・阿布肯 主編（2005），『哈漢辞典』，民族出版社，北京.

# カザフ語文法読本

# 第 1 部 文字と発音

## カザフ語の文字

現在カザフ語を表記する文字体系は2種類あります．1つはカザフスタン共和国とモンゴル国西部のバヤン・ウルギー県などで用いられているキリル文字系のアルファベット，もう1つは中国の新疆ウイグル自治区北西部を中心に用いられているアラビヤ文字系のアルファベットです．両者は文字こそ違え，綴り方自体に大差はありません．

本書では，カザフスタン共和国で用いられているキリル文字を用いてカザフ語を学びます．

## カザフ語アルファベット

| | 文字 | (イタリック体) | 名称 | 音価 | | 文字 | (イタリック体) | 名称 | 音価 |
|---|---|---|---|---|---|---|---|---|---|
| 1. | А а | (*A a*) | а | [a] | 15. | Қ қ | (*Қ қ*) | қа | [q] |
| 2. | Ә ә | (*Ә ә*) | ә | [æ] | 16. | Л л | (*Л л*) | эл | [l] |
| 3. | Б б | (*Б б*) | бе | [b] | 17. | М м | (*М м*) | эм | [m] |
| 4. | В в | (*В в*) | ве | [v] | 18. | Н н | (*Н н*) | эн | [n] |
| 5. | Г г | (*Г г*) | ге | [g] | 19. | Ң ң | (*Ң ң*) | эң | [ŋ] |
| 6. | Ғ ғ | (*Ғ ғ*) | ға | [ʁ] | 20. | О о | (*О о*) | о | [ɔ] |
| 7. | Д д | (*Д д*) | де | [d] | 21. | Ө ө | (*Ө ө*) | ө | [θ] |
| 8. | Е е | (*Е е*) | е | [e] | 22. | П п | (*П п*) | пе | [p] |
| 9. | Ё ё | (*Ё ё*) | ё | [jo] | 23. | Р р | (*Р р*) | эр | [r] |
| 10. | Ж ж | (*Ж ж*) | же | [ʒ] | 24. | С с | (*С с*) | эс | [s] |
| 11. | З з | (*З з*) | зе | [z] | 25. | Т т | (*Т т*) | те | [t] |
| 12. | И и | (*И и*) | и | [ij] | 26. | У у | (*У у*) | у | [uw] |
| 13. | Й й | (*Й й*) | қысқа и | [j] | 27. | Ұ ұ | (*Ұ ұ*) | ұ | [u] |
| 14. | К к | (*К к*) | ка | [k] | 28. | Ү ү | (*Ү ү*) | ү | [ʉ] |

— 2 —

第1部　文字と発音

| 29. | Ф ф | (*Ф ф*) | эф |  | [f] | 36. | Ъ ъ | (*Ъ ъ*) | айыру белгісі | |
|---|---|---|---|---|---|---|---|---|---|---|
| 30. | X x | (*X x*) | ха |  | [x] | 37. | Ы ы | (*Ы ы*) | ы | [ə] |
| 31. | Һ һ | (*Һ һ*) | һа |  | [h] | 38. | І і | (*І і*) | і | [ɨ] |
| 32. | Ц ц | (*Ц ц*) | це |  | [ts] | 39. | Ь ь | (*Ь ь*) | жіңішкелік белгісі | |
| 33. | Ч ч | (*Ч ч*) | че |  | [tʃ] | 40. | Э э | (*Э э*) | э | [ɛ] |
| 34. | Ш ш | (*Ш ш*) | ше |  | [ʃ] | 41. | Ю ю | (*Ю ю*) | ю | [ju] |
| 35. | Щ щ | (*Щ щ*) | ще |  | [ʃʃ] | 42. | Я я | (*Я я*) | я | [ja] |

　これらの文字の内，4 (в)，9 (ё)，29 (ф)，32 (ц)，33 (ч)，36 (ъ)，39 (ь)，40 (э) の8文字は，ロシア語の綴りをそのまま踏襲した借用語中において用いられるのみです．

**基本母音**

a [a]　日本語のア[a]ないし，若干広めの[ɑ]．ただ，ж，шとйに挟まれた口蓋化の強い環境で[æ]と発音される．
　　　адам [adam] 人，ай [aj] 月，жай [ʒæj] 場所

ә [æ]　英語の[æ]．
　　　ән [æn] 歌，бәрі [bæri] 全て，кінә [kinæ] 罪

e [e]　日本語のエ[ɛ]より狭い[e]．語頭では特に[ʲe]と口蓋化して発音される傾向がある．
　　　екі [ʲeki] 2，мен [men] 私，терезе [tereze] 窓

o [ɔ]　日本語のオより若干広めの[ɔ]．基本的に語頭のみに現れる．語頭では[ʷ]を伴なって[ʷɔ]と発音されることが多い．
　　　ол [ɔl] ~ [ʷɔl] 彼（女），жоқ [ʒɔq] ない，қонақ [qɔnaq] 客

ө [θ]　日本語にはない音．[θ]は，[ɔ]の中舌母音である．語頭では単なる[θ]というより，[ʷ]を伴なって[ʷθ]と発音されることが多い．
　　　өз [ʷθz] 自分，өте [ʷθte] とても，көпір [kθpʉr] 橋

ұ [u]　唇を強く突き出して発音するウ．一般にұは第1音節にしか表記されないが，若干の借用語においては，2音節目にも綴られる．なお，йに先立つұ即ちұйの発音は，中舌化して[ʉj]のようになされる．

— 3 —

カザフ語文法読本

   ұзақ [uzaq] 遠い，тамұқ [tamuq] 地獄，ұйқы [ʉjqə] 眠り
ү [ʉ] 幾分ユの音色がついた程度の[u]．[j]に隣接した場合などは[y]．若
  干の借用語においては，2音節目にも現れる．
   гүл [gʉl] 花，дәстүр [dæstʉr] しきたり，үй [yj] 家
ы [ə] 英語about [əbáut]《…に関する》などに見られる[ə]の音．
   ыдыс [ədəs] 容器，қыз [qəz] 娘，тырнақ [tərnaq] 爪
  なおыは，йの前後や，口蓋化子音ж，шに後続した際には，[i] ~
  [i]と発音される．
   сиыр [sijɨr] 乳牛，жылан [ʒilan] 蛇，шимай [ʃijmaj] 落書き
i [ɨ] 舌先が幾分後方へ引かれて調音される，くぐもったイ．
   іс [ɨs] 仕事，білім [bilim] 知識，кісі [kisi] 人
  なおiは，йの前後や，口蓋化子音ж，шに後続した際には，[i]と
  発音される．
   биік [bijik] 大きい，жіп [ʒip] 糸，кіші [kiʃi] 小さい

**補助母音**

ё [jo] 日本語のヨに同じ（ロシア語からの借用語のみ．点のないeで綴ら
  れる場合もある）．
   самолёт [samalʲot] 飛行機
и [ij] カザフ語でこの文字は，母音と子音のセット（ый / ій）を表わし，
  [ɨj] ~ [ij]と発音される（ロシア語などからの借用語では母音[i]を
  表す）．
   қиын [qijin] 難しい，ми [mij] 脳，дүние [dʉnije] 世界
у [uw] この文字も母音と子音のセットを表わし，単語内の位置により
  [uw] ~ [ʉw]，[əw] ~ [iw]，[w]と発音される．
   у [uw] 毒，су [suw] 水，қуат [quwat] 力，сұлу [suluw] 美しい，
   түзу [tʉzʉw] 真っ直ぐな，ашу [aʃəw] 怒り，езу [eziw] 口角，
   уақыт [waqət] 時間，тау [taw] 山
э [ɛ] 日本語のエに同じ（ロシア語からの借用語のみ）．
   элемент [ɛlement] 要素
ю [ju] カザフ語では，語末がй, йы, йіに終わる語にуが付加される場合，

— 4 —

第1部　文字と発音

一まとめにюと綴られる（ロシア語などからの借用語では日本語のユに同じ）．

 аю (← *айыу) 熊
 сарғаю (← сарғай=+у (= ыу)) 黄色くなる
 баю (← байы=+у) 豊かになる

я [ja] 日本語のヤに同じ（カザフ語としては [jæ] と発音される）．
 я [jæ] または，яғни [jæʁnij] 即ち，япыр-ай [jæpəraj] なんとまあ，қария [qarijæ] 老人

## 子音

б [b] 日本語バ行音のbと同じ．
в [v] 英語の [v] と同じ．
г [g] 日本語ガ行音のgと同じ．
ғ [ʁ] 仰向きでうがいをする際に喉奥から出るガに似た音．
д [d] 日本語ダ行音のdと同じ．
ж [ʒ] 英語 garage [gərɑ́:ʒ]《ガレージ》に見られる摩擦音の [ʒ]．
з [z] 英語の [z] と同じ．
й [j] 母音に続く [j] 音を表す．
к [k] 日本語カ行音のkと同じ．кは次のқと相補分布しており，狭母音系列の語中に現れる．
 なお，音節末や，複合語における母音や有声子音などに挟まれた語中のкは，よく [g] と発音される．
  шекара (← шек+ара) [ʃegara] 国境
қ [q] 喉の奥の口蓋帆に舌根を当てて，息を破裂させるように出すカ．先のкとは逆に，広母音系列の語中に現れる．
 なお，音節末や，複合語における母音や有声子音などに挟まれた語中のқは，よく [ʁ] と発音される．
  қонақасы (← қонақ+асы) [qonaʁasə] 客人用の料理
л [l] 英語の語頭で現われる「明るいl」（clear l）に同じ．
м [m] 日本語マ行音のmと同じ．
н [n] 日本語ナ行音のnと同じ．

— 5 —

カザフ語文法読本

ң [ŋ]　日本語「本が」[hoŋ+ga]の「が」を[hoŋ+ŋa]のように鼻音化させて発音した時の[ŋ].「ンァ」のような音.

п [p]　日本語パ行音のpと同じ．なお，音節末で母音に挟まれたпは，よく[b]と発音される．
　　　　бір топ адам [bir tob adam]　一団の人

р [r]　日本語のいわゆる「べらんめえ」言葉のラ行音．舌先を歯茎の裏につけて振るわせる音．

с [s]　日本語サ行音（ただし，シは除く）のsと同じ．

т [t]　日本語タ行音（ただし，チ，ツは除く）のtと同じ．

ф [f]　英語のfに同じ．

х [x]　ドイツ語のいわゆるAch-Laut（アッハ音）のハ．無声軟口蓋摩擦音．借用語にのみ用いられ，қ [q]と交替することもある．

һ [h]　日本語ハ行音（ただし，ヒ，フは除く）のhと同じ．

ц [ts]　日本語「ツァ」行音のtsと同じ．

ч [tʃ]　日本語「チャ」行音のchと同じ．

ш [ʃ]　英語のsh音に同じ．

щ [ʃʃ]　ш [ʃ]の長子音（つまり*ššをщの1文字で書いたもの）．ロシア語からの借用語か，ащы《辛味の》やтұщы《淡味の》など少数の固有語で用いられる．

**記号**

ъ　硬音符号（～分離記号）．ロシア語からの借用語に用いられ，前の音と次の音が切り離して発音されることを示す．
　　объект [ab jekt] 客体，съезд [s jest] 代表者会議

ь　軟音符号．ロシア語からの借用語に用いられ，本来子音に[j]の音色を添える（口蓋化）記号．カザフ語で音価は特にないが，前の広母音を狭母音化させることがある．
　　ноль → нөл ゼロ，роль → рөл 役割

## 第1部　文字と発音

**母音調和**

　カザフ語には母音調和という現象があります．これは，膠着語であるカザフ語の，接尾辞を構成する母音が，付加される語幹の母音のクラスに合わせて交替する現象を指します．

　カザフ語の母音は，下表に見るように，大きく広母音系列か，狭母音系列かに二分される体系をなしています．原則的に1つの単語（およびその活用形の）中には，別々のクラスに属する母音は，共起しません（借用語や複合語は除きます）．また，母音は個々には，aはeと，ыはiと，oはөと，ұはүとそれぞれ対立する関係にあります．

| 広母音 | 中性母音 | 狭母音 |
|---|---|---|
| a | | e |
| ы | | i |
| o | ə | ө |
| ұ | | ү |

　次の活用例を見て下さい．

a) **а**на+лар+ыңыз+дан　　あなた方のお母さんから
　　**ы**дыс+тар+ыңыз+дан　　あなた方の容器から
　　**о**рын+дар+ыңыз+дан　　あなた方の場所から
　　**ұ**йым+дар+ыңыз+дан　　あなた方の団体から
b) **е**ңбек+тер+іңіз+ден　　あなた方の労働から
　　**і**с+тер+іңіз+ден　　あなた方の仕事から
　　**ө**лке+лер+іңіз+ден　　あなた方のくにから
　　**ү**міт+тер+іңіз+ден　　あなた方の希望から

　上のa)，b) に見るように，第1番目の母音はそれぞれ8種類と複雑に異なっていますが，後続の接尾辞の連なり（+лар+ыңыз+дан《あなた方の…から》とそのバリエーション）の母音は，aかeか，もしくは，ыかiのいずれか一方に振り分けられています．この現象を，母音調和と言います．

　さて，本書が中性母音と呼んでいるəは，対立対を持たない母音です．この母音を含む単語の母音調和は，əが現れる位置によって決まります．

ә は，多くの場合第1音節に現れます．この時，第2音節以下は狭母音系列に従います．
 c）**әке**+лер+іңіз+ден  あなた方のお父さんから
 一方，借用語などで音節末がәで終わる若干の語は，広母音系列に従います．
 d）**кінә**+лар+ыңыз+дан  あなた方の罪から

 なお，外来語（ここでは特にアラブ・ペルシア語系のもの）や複合語は，一単語内に広母音と狭母音を混在させているものが，多くあります．これらの母音調和は，基本的に単語の一番最後の母音のクラスに従います．
 e）**кітап**+тар+ыңыз+дан  あなた方の本から
 f）**арбакеш**+тер+іңіз+ден  あなた方の御者から
 ロシア語系の借用語は取扱いがかなり複雑です．本書では，必要に応じて言及することとします．

## 長母音
 カザフ語に長母音はありません．

## 二重母音
 カザフ語に二重母音はありません．

## アクセント
 アクセントは通常，単語の最終母音に置かれます．そして，接尾辞（語尾）の付加と共に後ろへ移動します．
  мектéп  学校 → мектептéр 複数の学校 → мектептеріңíз あなた方の学校 → мектептеріңіздéн あなた方の学校から
＊若干の接尾辞（語尾）や後置詞の一部，助詞等の付属性語彙の中には，アクセントを取らないものもあります．

# 第 2 部　カザフ語のつくり

## 語順
　基本的に日本語と同じSOV型です．

## 体系
　カザフ語の言語体系全体は，非常にシンプルで体系的です．形態論的に見た場合，たった3種の品詞類の基盤から出来ています．つまり，① 名詞類，② 動詞類，③ 不変化詞類です．名詞類とは，格語尾や所有接尾辞などが付加されるもの，動詞類とは，曲用語尾や動詞人称接尾辞などが付加されるものを指します．また，それら①，②に特有な語尾や接尾辞のいずれも付加されないものが，不変化詞類です．

　なお，本書内で使っている「名詞」とか「形容詞」，「副詞」といった「品詞」を指す用語は，ある語が文章中でたまたま果たしている役割だったり，主な職能を端的に表現するための，便宜上の呼称です．カザフ語では「形容詞」は「名詞」にも「副詞」にも転用され得るし，普段「副詞」として多く機能する語も，時には「形容詞」や「名詞」とみなされる場合もあります．

## 品詞類
　本書は，拙著『明解カザフ語文法』（2004）で示したカザフ語文法についての考え方を基に記述しています．
　上述の3品詞類判別のための基準は，おおよそ以下の通りです．
① 名詞類の基準
　1. 格変化，または格語尾の有無
　2. 所有接尾辞の付加・有無
　3. 名詞類から，名詞類を派生させる接尾辞の付加・有無
　4. 名詞類から，動詞を派生させる接尾辞の付加・有無
② 動詞類の基準
　1. 単純過去形（=$∂bi^4$）の付加・有無

2. 条件形（=ca²）の付加・有無
　3. 相や態の接尾辞の付加・有無
　4. 否定語幹形成の接尾辞（=ма⁶=）の付加・有無
　5. 副動詞語尾（=a³, =ып³等々）や形動詞語尾（=атын⁴, =ған⁴等々）の付加・有無（ただし，この場合，動詞は語幹のみです）
③ 不変化詞類の基準
　1. 名詞類や動詞類に付加される諸派生接尾辞や活用語尾をとらない．
　2. 付属形式に属するものは，名詞類や動詞類，不変化詞類に付加される．

　本書では，上の①，②，③に属する機能を「品詞」として，おおむね以下のように位置付けています．
① 〈名詞類〉
　　　名詞相当語：本名詞（実詞），補助名詞，動名詞
　　　代名詞相当語：人称・指示・疑問等々の各代名詞
　　　形容詞相当語：形容詞，形動詞，数詞
　　（名詞類付属形式）
　　　екен（е=の完了形動詞形）
② 〈動詞類〉
　　　動詞相当語：本動詞，補助動詞，不完全動詞（е=のみ）
　　（動詞類付属形式）
　　　еді（е=の単純過去形）
③ 〈不変化詞類〉
　　　副詞相当語：副詞（擬音・擬態語も含む），副動詞，挿入語
　　　接続詞
　　　間投詞
　　　後置詞
　　（不変化詞類付属形式）
　　　助詞相当語：人称助詞，助動詞，その他の文中・文末助詞

# 第 3 部　名詞類

## 1. 複数接尾辞と所有接尾辞

(1) 複数接尾辞と (2) 所有接尾辞は，名詞の語末に付されて，複数性や所有関係などを表示する接尾辞です．次に習う格を表す接尾辞（～格語尾）は，必要に応じてこれらの後に付加されるので，まずは，この2つを学びます．

### (1) 複数接尾辞

カザフ語の名詞は，単数と複数の区別をします．複数形は，単数形に複数接尾辞+лар（とそのバリエーション）を付加することによって生産的に作られます．+ларが名詞語幹に接尾される際の音声的な条件は，以下のようです．

| +лар / +лер | 母音と -р, -у, -й の後 |
|---|---|
| +дар / +дер | その他の有声子音の後 〈-ж, -з, -л, -м, -н, -ң〉 |
| +тар / +тер | 無声子音の後 〈-к, -қ, -п, -с, -т, -х, -ш〉 |

＊ +ларには6種類のバリエーションが見られます．本書ではそれらをまとめて+лар[6]と表します．以下，他の接尾辞等も同様に表すこととします．

#### 複数接尾辞の付加例

| | | | | | | |
|---|---|---|---|---|---|---|
| бала | 子供 | — балалар | эн | 歌 | — эндер |
| қария | 老人 | — қариялар | өз | 自分 | — өздер |
| егінші | 農民 | — егіншілер | етік | ブーツ | — етіктер |
| тау | 山 | — таулар | жауап | 答え | — жауаптар |
| бай | 金持ち | — байлар | жігіт | 若者 | — жігіттер |

— 11 —

カザフ語文法読本

## 複数接尾辞の用法
① 数詞や，一部の形容語（көп《たくさんの》, бір неше《幾つかの》など）に修飾された場合, +лар[6] は用いなくてもよい.
 төрт кітап　4冊の本    көп кісі(лер)　たくさんの人
② 複数の存在を個別化して示す.
 Олар аталас туыскандар.　彼らは互いにいとこ同士です.
③ 人名の後に付加して,《…等の人》を表す.
 Нұрсаттар　ヌルサットたち
④ 名詞ばかりでなく，形容詞性の語にも付加されて,《複数の人々[物事]》を表す.
 сахнадағылар　ステージにいる人たち
 келгендер　来た人たち
⑤ 数詞の後などに付けて概数を表す.
 сағат сегіздер　8時頃

【問1】以下の名詞に適する複数接尾辞を付けなさい.
 1)　ағаш_____　木  6)　ит_____　犬
 2)　әңгіме_____　お話  7)　қыз_____　娘
 3)　дос_____　友達  8)　өлең_____　詩歌
 4)　есік_____　ドア  9)　сұрау_____　質問
 5)　жер_____　土地  10)　үй_____　家

### (2) 所有接尾辞
 カザフ語の名詞類には，語末に付加して《私の…》,《あなたの…》,《その…》等，所属や関係を表示する所有接尾辞という範疇があります．人称や数，語幹の種類によって，以下のバリエーションを持ちます.

第3部　名詞類

| 数 | | 単数 | | 複数[注] | |
|---|---|---|---|---|---|
| 語末 | | 母音 | 子音 | 母音 | 子音 |
| 一人称 | | +м | +ым / +ім | +мыз / +міз | +ымыз / +іміз |
| 二人称 | 親称 | +ң | +ың / +ің | +лар[6]++ың / +ің | |
| | 敬称 | +ңыз / +ңіз | +ыңыз / +іңіз | +лар[6]++ыңыз / +іңіз | |
| 三人称 | | +сы / +сі | +ы / +і | (同左) | |

注) 一・三人称における複数の表示には，必要に応じて複数接尾辞 (+лар[6]) が所有接尾辞に先行して付加されます．

## 所有接尾辞の付け方

① 基本的に名詞語末に上の表で示した条件に従ってそれぞれ付加します．以下，三人称形を例に挙げます．

　　қала　都市　— қаласы　　өлең　詩歌　— өлеңі
　　қағаз　紙　　— қағазы　　дәптер　ノート — дәптері
　　үй　　家　　— үйі　　　　ит　　犬　　— иті
　　мал　　家畜　— малы　　　тау　　山　　— тауы
　　шам　　ランプ— шамы　　　аю　　熊　　— аюы

＊例外) хал　健康状態 — халі

② -қ, -к, -п に終わる語については，原則として有声音化して -ғы, -гі, -бы / -бі のようになります (ただし，以下③に見る語と，хақ《道理》や реңк《色》のように若干有声化しないものもあります)．

　　аяқ　　足 — аяғы　　　көмек　手伝い — көмегі
　　балық　魚 — балығы　　қолғап　手袋　— қолғабы
　　жәшік　箱 — жәшігі　　себеп　原因　— себебі

③ 以下に見る若干の語については，多く習慣的に語中の ы / і が脱落します．便宜上，固有語系と借用語系の2組に分けて示します．

　A．固有語系：
　　〈身体と関係のある若干の語〉
　　қойын　ふところ — қойны　　мұрын　鼻 — мұрны
　　мойын　首　　　— мойны　　ауыз　　口 — аузы

— 13 —

カザフ語文法読本

  қарын 腹　— қарны　　дауыс 声 — даусы
  ерін 唇　— ерні
 〈その他〉
  ерік 自由　— еркі　　қырық 40 — қырқы
  бөрік 毛皮帽 — бөркі　ырық 意志 — ырқы
  көрік 見栄え — көркі　орын 場所 — орны
  тұрық 外貌　— тұрқы　ауыл 村 — аулы

B. 借用語系：
  кейіп 外見 — кейпі　　нарық 市場価格 — нарқы
  сиық 外観 — сиқы　　　парық 違い — парқы
  халық 民衆 — халқы　　ғұрып 慣習 — ғұрпы
  құлық 品性 — құлқы　　әріп 文字 — әрпі
  қалып 型　— қалпы　　зауық 興味 — зауқы
  құлып 錠　— құлпы　　қауіп 危険 — қаупі
  мүлік 財産 — мүлкі

## 所有接尾辞の付加例
 бала 子供　　　　　　　　шеше お母さん
  балам　私の子供　　　　шешем　私のお母さん
  балаң　君の 〃　　　　 шешең　君の 〃
  балаңыз　あなたの 〃　 шешеңіз　あなたの 〃
  баласы　彼(女)の 〃　　шешесі　彼(女)の 〃
  баламыз　私たちの 〃　 шешеміз　私たちの 〃
  балаларың　君たちの 〃　шешелерің　君たちの 〃
  балаларыңыз あなた方の 〃 шешелеріңіз あなた方の 〃
  баласы　彼らの 〃　　　шешесі　彼らの 〃

 кітап 本　　　　　　　　сөздік 辞書
  кітабым　私の本　　　сөздігім　私の辞書
  кітабың　君の 〃　　　сөздігің　君の 〃

— 14 —

第3部　名詞類

| кітабыңыз | あなたの 〃 | сөздігіңіз | あなたの 〃 |
| кітабы | 彼(女)の 〃 | сөздігі | 彼(女)の 〃 |
| кітабымыз | 私たちの 〃 | сөздігіміз | 私たちの 〃 |
| кітаптарың | 君たちの 〃 | сөздіктерің | 君たちの 〃 |
| кітаптарыңыз | あなた方の 〃 | сөздіктеріңіз | あなた方の 〃 |
| кітабы | 彼らの 〃 | сөздігі | 彼らの 〃 |

## 所有接尾辞の用法

① 〔人称代名詞属格形＋名詞＋所有接尾辞〕

　人称代名詞の属格形と，所有接尾辞はよく呼応して用いられます．人称代名詞の属格形は省略されても，所有接尾辞は一般に省略できません（ただし，біздің《私たちの》と сіздің《あなたの》は，呼応する所有接尾辞が省略されることがあります）．

　　менің қаламым ＝ қаламым　　　　私のペン
　　сенің қаламың ＝ қаламың　　　　君の 〃
　　сіздің қаламыңыз ＝ қаламыңыз　　あなたの 〃
　　оның қаламы ＝ қаламы　　　　　彼(女)の 〃
　　біздің қаламымыз ＝ қаламымыз　　私たちの 〃
　　сендердің қаламдарың ＝ қаламдарың　君たちの 〃
　　сіздердің қаламдарыңыз ＝ қаламдарыңыз　あなた方の 〃
　　олардың қаламы ＝ қаламы　　　彼らの 〃

② 〔名詞A（＋属格）＋名詞B＋三人称所有接尾辞〕

　2つの普通名詞が「修飾・被修飾」の関係にあることを示します（通常，三人称に限る）．この関係は結合度が強いと，修飾する名詞の属格語尾は省略され，被修飾語末には三人称所有接尾辞だけが残ります．

　　мектептің кітапханасы　→　мектеп кітапханасы
　　　学校の図書館　　　　　→　　学校図書館
　　қазақтың тілінің сабағы　→　қазақ тілі сабағы
　　　カザフの言葉の授業　　→　　カザフ語の授業

③　所有接尾辞複数形（＋лары[6]）の表す意味

　主に以下の3つの意味的可能性を表します．

— 15 —

カザフ語文法読本

(1) 1つ[人]に所属[関係]する複数のもの
　　Бөлменің үлкен терезелері бар.
　　　部屋には大きな複数の窓があります.
(2) 複数(人)に所属[関係]するそれぞれ[1つ1つ]のもの
　　Оқушылар үйлеріне қайтты.
　　　生徒たちはそれぞれの家々に帰りました.
(3) 複数(人)に所属[関係]する単数のもの
　　Кітапханаларыңыздан кітап алуға бола ма?
　　　あなた方の図書館から本を借りられますか?
④ 〔属格＋名詞＋所有接尾辞＋бар《ある》/ жоқ《ない》〕
　　所有を表す構文を作ります.
　　Менің бір інім, бір сіңлім бар.　私には1人の弟と1人の妹がいます.
⑤ 強調や注意喚起の表示
　　Әлгің кім? 君, それは誰ですか?
　　Әйтеуір алып келсең болғаны.
　　　とにかく, 君は持って来さえすればそれでいいんだ.
⑥ 時の副詞の形成
　　所有接尾辞の三人称形は, 若干の時を表す(子音終りの)語に付加されて, 副詞を形成します.

| 名詞形 | | 副詞形 | |
|---|---|---|---|
| әр күн | 毎日 | әр күні | 毎日 |
| әуел | 最初 | әуелі | 最初に |
| нешінші жыл | 何年 | нешінші жылы | 何年に |
| өмір | 生涯 | өмірі | 生涯に渡って |
| сенбі күн | 土曜日 | сенбі күні | 土曜日に |

【問2】次の語に三人称所有接尾辞を付加しなさい.
　1) бас＿＿＿＿　頭
　2) денсаулық＿＿＿＿　健康

第3部　名詞類

3)　жеміс_____　果物
4)　кітапхана_____　図書館
5)　кіші_____　人
6)　мектеп_____　学校
7)　оқушы_____　生徒
8)　хат_____　手紙
9)　дәптерлер_____　複数のノート
10)　қағаздар_____　複数の紙

## 2. 名詞の格

　カザフ語の名詞は，格語尾（日本語の「てにをは」に相当）という接尾辞を持ち，格変化します．名詞は，その格変化によって文中で果たす役割を細かく表示します．

　カザフ語の格語尾は，基本的に7つあります．(1) 主格《…は》，(2) 属格《…の》，(3) 与格《…へ》，(4) 対格《…を》，(5) 位格《…に(て)》，(6) 奪格《…から》，(7) 助格《…で(もって)》です（格語尾の認定は，若干変則的な体系を持つ，人称代名詞（特に一・二人称単数の）の格変化に基づきます）．

### (1) 主格

　主格は基本的に，日本語の《…は》，《…が》に相当する格です．文の主語やトピックを表します．また，文の述部にもなります（一・二人称代名詞は除きます）．カザフ語に主格を表す語尾はありません（複数接尾辞および所有接尾辞が付いた名詞も主格になります）．

　主語とトピックについては，格変化のしっかりしている一人称および二人称代名詞を用いた文で一例を示します．

　　　Мен сіз барды деп ойлағанмын.
　　　　私はあなたが行ったものと思っていました．

　上例のмен《私》もсіз《あなた》も共に主格形です．менは文全体の主語なので，文末で+мын《私は…です》が呼応しています．もう一方の主格сізは，文の主語ならСіз бардыңыз《あなたは行った》のように，=ңызが呼応すべきところです．しかしながら，実際には=ды（三人称過去形）が呼応していて，сізは主語ではなくトピック（話題）であると考えられます．

### (2) 属格（+ның⁶）

　属格は，所属や関係を示す，日本語の《…の》に相当する格です．基本的には+ның⁶の付加によって表されます．接尾される際の音声的な条件は，以下のようです．

| +ның / +нің | 母音と -м, -н, -ң の後 |
| +дың / +дің | 有声子音の後 |
| +тың / +тің | 無声子音の後 |

## 属格の用法
① カザフ語の属格は，通常所有接尾辞と呼応する．
    кітаптың мазмұны　本の内容
② 以下の場合には属格語尾は省略できる（所有接尾辞は省略不可）．
  (1) 属格が付加した名詞と，それに支配される名詞の結合度が強く，1つの概念を表すような場合．
    Астана қаласы　アスタナ市　　дүние жүзі елдері　世界各国
  (2) 名詞と補助名詞が結合する場合．
    үй(дің) іші　家の中
  (3) 一文中に並列関係にある複数の名詞がある場合，属格語尾は一番最後の名詞に付加され，前の語には省略される．
    Боря мен Ораздың достығы　ボーリャとオラズの友情
③ 以下の場合には属格語尾を要する．
  (1) 名詞の前に，指示代名詞や形容詞性修飾語がある場合．
    осы кластың оқушысы　このクラスの生徒
  (2) 名詞に人称所有接尾辞が付いている場合．
    тісімнің пломбасы　私の歯の詰め物
  (3) 形容詞や形動詞，数詞，総括代名詞が名詞として用いられる場合．
    үлкендердің сөзі　年長者たちの言葉
  (4) 属格とそれに支配される名詞の間に，他の語が入っている場合．
    Тянь-Шань тауының қарлы шыңдары　天山の雪を頂いた峰々
  (5) 形容詞の最上級を成している場合．
    ақтың ағы　白の中の白，真っ白
  (6) 数量の特性を表わす場合．
    бестің екісі　5分の2

【問3】次の句を，属格語尾と所有接尾辞に注意して訳しなさい．
1) сөздің мағынасы
2) мектептің оқушылары
3) Ораздың жасы
4) алтының жарымы
5) қазанның жетісі
6) шахматтың қызығы
7) балалардың бесеуі
8) бөлмемнің терезесі
9) досыңыздың кітабы
10) көзінің әдемісі

(3) **与格**（+ға[8]）

与格は基本的に，方向や対象を示す．日本語の《…へ》，《…に（対して）》に相当する格です．接尾される際の音声的な条件は，以下のようです．

| +ға / +ге | 母音と有声子音の後 |
| +қа / +ке | 無声子音の後 |
| +а / +е | 一・二人称単数の所有接尾辞の後 |
| +на / +не | 三人称所有接尾辞の後 |

## 与格の用法
① 動作の方向や帰着点を表示する．
　　Мен мектепке бардым． 私は学校へ行きました．
② 対象を指定する．
　　мол тәжрибеге ие． 彼は豊かな経験を持っています．
　　＊連体修飾語的に《…への》，《…に対する》と解すべき場合もあります．
　　　дүниеге көзқарас 世界観，қысқа дайындық 冬支度
③ 目的［目標］を表示する．
　　Апам нанға кетті． 私のお母さんはナンを買いに行きました．

— 20 —

④ 価格を表示する.
    Мен 200 [екі жүз] теңгеге бір карта алдым.
    私は200テンゲで地図を買いました.
⑤ 期間を表示する.
    Бізде кітап екі-үш аптаға беріледі.
    私たちの所では本は2, 3週間の期限で貸し出します.
⑥ 割合の基準[区分]を表示する.
    Айына қанша төлеу керек?
    ひと月にいくら支払う必要がありますか?
⑦ 曜日や日付を表示する.
    Бүгін айға үш．  今日は3日です.
    Ертең күнге дүйсенбі． 明日は月曜日です.

【問4】次の語に与格語尾を付けなさい.
  1) көз_____  （目に）
  2) оң_____  （右に）
  3) сабақ_____  （授業に）
  4) дәрігер_____  （医者に）
  5) жеміс_____  （果物に）
  6) сол_____  （左に）
  7) достарым_____  （私の友達たちに）
  8) үйің_____  （君の家に）
  9) күні_____  （1日につき，日に）
  10) асқазан ауруы_____  （胃の病気に）

## (4) 対格 (+ны[7])

対格は基本的に，日本語の《…を》に相当する格で，動詞の直接目的語を表示します．接尾される際の音声的な条件は，以下のようです．

カザフ語文法読本

| +ны / +ні | 母音の後 |
|---|---|
| +ды / +ді | 有声子音の後 |
| +ты / +ті | 無声子音の後 |
| +н | 三人称所有接尾辞の後 |

なお，普通名詞が直接目的語となり動詞の直前にある時などは，対格語尾は省略されます．

　　Мен апамнан хат алдым. ⇔ Мен хатты апамнан алдым.
　　私は母から手紙を受け取った．⇔ 私は手紙を母から受け取った．

【問5】次の語に対格語尾を付けなさい．
  1) сабақ_____ （授業を）
  2) көз_____ （目を）
  3) мектеп_____ （学校を）
  4) тәжрибе_____ （経験を）
  5) достарым_____ （私の友達たちを）
  6) оқушылары_____ （その生徒たちを）
  7) үлкендер_____ （年長者たちを）
  8) кітабың_____ （君の本を）
  9) қолдарыңыз_____ （あなたの両手を）
  10) қазақ тілі_____ （カザフ語を）

(5) **位格** (+да⁶)

位格は基本的に，場所や時を表示する，日本語の《…に(て)》，《…で》に当る格です．接尾される際の音声的な条件は以下のようです．

| +да / +де | 母音と有声子音の後 |
|---|---|
| +та / +те | 無声子音の後 |
| +нда / +нде | 三人称所有接尾辞の後 |

第3部　名詞類

位格の用法
① 場所や所在を表示する.
　　Ол үйде.　彼は家にいます.
② 状況[状態]を表示する.
　　Жас мөлшері отыздарда.　彼の年格好は30才くらいです.
③ 時を表示する.
　　Біз үйге келгенде, күн батты.
　　　私たちが家に来た時，日が沈みました.
④ 手段を表示する.
　　Ол бес тілде сөйлейді.　彼は5言語を話します.
⑤ +дағы[4]（+дағы / +дегі / +тағы / +тегі）として，《…にある所の》を意味する形容語を形成する（+дағы[4]は，《…の》を意味する接尾辞+ғы[4]（+ғы / +гі / +қы / +кі）が接尾したものです）.
　　қолдарыңдағы кітаптар　君たちの手元にある複数の本

【問6】次の語に位格語尾を付けなさい.
　1）　хат_____　（手紙に）
　2）　су_____　（水に）
　3）　мектеп_____　（学校に）
　4）　жаз_____　（夏に）
　5）　түн_____　（晩に）
　6）　сабақ_____　（授業で）
　7）　кітабың_____　（君の本に）
　8）　көктем_____　（春に）
　9）　орыс тілі_____　（ロシア語で）
　10）　отыздар шамасы_____ғы жігіт　（30才くらいの青年）

(6) **奪格（+дан[6]）**
　奪格は基本的に，起点や比較を表す，日本語の《…から》，《…より》に相当する格です．接尾される際の音声的な条件は，以下のようです．

カザフ語文法読本

| +дан / +ден | 母音と有声子音の後 |
| --- | --- |
| +тан / +тен | 無声子音の後 |
| +нан / +нен | 鼻音と，三人称所有接尾辞の後 |

## 奪格の用法
① 起点を表示する．
　　Мен мектеп<u>тен</u> келдім．　私は学校から来ました．
② 比較の対象を表示する．
　　Мен сіз<u>ден</u> екі жас үлкенмін．　私はあなたより2才年上です．
③ 全体の一部を表示する．
　　Жыртқыш аңдар<u>дан</u>: арыстан мен жолбарыс, қасқыр бар.
　　　猛獣（の中）にはライオンやトラ，狼がいます．
　＊連体修飾語的に《…からの》と解すべき場合もあります．
　　роман<u>нан</u> үзінді　小説の抜粋
④ 全体の一部に行為が及ぼされることを表示する．
　　Ол қолым<u>нан</u> жетектеп мені кітапханаға алып келді.
　　　彼は私の手を引いて私を図書館へ連れて来ました．
⑤ 材料[素材]を表示する．
　　Бұл үй ағаш<u>тан</u> салынған．　この家は木で建てられました．
⑥ 原因を表示する．
　　Мен суық<u>тан</u> қалтырап кеттім．　私は寒さで震えてしまいました．
⑦ 数量を表示する．
　　Дүние жүзінде қазір 13 [он үш] миллион<u>нан</u> аса қазақ бар.
　　　世界には1300万以上のカザフ人がいます．
⑧ 分配される数量を表示する．
　　Олардың қолына бір<u>ден</u> қызыл алма беремін.
　　　私は彼らの手に1個ずつ赤いリンゴを与えます．
⑨ 分数[小数]を表示する．
　　бес<u>тен</u> екі　5分の2
　　сегіз бүтін мың<u>нан</u> жиырма бір　8と1000分の21（〜8.021）

— 24 —

【問7】次の語に奪格語尾を付けなさい.
1) сабақ_____ （授業から）
2) көз_____ （目から）
3) мектеп_____ （学校から）
4) тәжрибе_____ （経験から）
5) достарым_____ （私の友達たちから）
6) оқушылары_____ （その生徒たちから）
7) үлкендер_____ （年長者たちから）
8) кітабың_____ （君の本から）
9) қолдарыңыз_____ （あなたの両手から）
10) қазақ тілі_____ （カザフ語から）

## (7) 助格（+мен³）

助格は基本的に，道具や手段を表す，日本語の《…で(もって)》に相当する格です．接尾される際の音声的な条件は，以下のようです（母音はеのみで，調和しません）．

| +мен | 母音とж, зを除く有声子音の後 |
| --- | --- |
| +бен | ж, зの後 |
| +пен | 無声子音の後 |

＊口語（を反映した文体）や詩歌などでは，それぞれ+менен / +бенен / +пенен（< *bi(r)län《…と共に》）として用いられることもあります．なお，前の語と離して綴ったмен³は，《…と》の意味の接続助詞です．

## 助格の用法

① 道具を表示する．
　　Біздер суретті қарындашпен салдық.
　　　私たちは絵を鉛筆で描きました．
② 手段[方法]を表示する．
　　Мына кітаптарды посылкамен жіберген дұрыс па?

これらの本を小包で送った方がいいですか？
③ 携帯物を表示する.
　　Апам екі шелекпен суға кетті.
　　私のお母さんは2つの桶を提げて水汲みに行きました.
④ 移動の場所を表示する.
　　Бұғы тайганың ішімен қашып келе жатыр.
　　鹿がタイガの中を逃げてやって来ています.
⑤ 様式を表示する.
　　Үйдің төбесі қызылмен сырлаған.　家の屋根は赤色で塗りました.
⑥ 副詞であることを表示する.
　　Ертеңмен келіп қалар.　彼は明日来るでしょう.
⑦ 共同関係を表示する.
　　Ол Асанмен танысты.　彼はアサンと知り合いました.
⑧ 対立関係を表示する.
　　Біз қиыншылықпен күрес жүргізуіміз керек.
　　私たちは困難と闘わなくてはいけません.
⑨ 原因を表示する.
　　Мені не жұмыспен іздедіңіз?
　　私をあなたは何の用事でお探しでしたか？
⑩ 順序を表示する.
　　Алдымен менің оқығанымды тыңдаңыздар!
　　先ず私の読むのをあなた方は聴いて下さい.
⑪ 様態を表示する.
　　Өндірісті жоғары қарқынмен дамытуымыз керек.
　　私たちは生産を高速で発展させなければなりません.
⑫ 時を表示する.
　　Таң атысымен-ақ, ол жұмысқа жүріп кетті.
　　夜が明けるやいなや，彼は仕事へ出かけました.
⑬ 逆接を表示する.
　　Дегенімен, әдеттеніп кетсем деймін.
　　とは言え，私は自分が慣れていったらいいなと思います.

第3部　名詞類

【問8】次の語に助格語尾を付けなさい．
1)　ат_____　（馬で）
2)　машина_____　（車で）
3)　тұз_____　（塩で）
4)　мұғалім_____　（先生と）
5)　автобус_____　（バスで）
6)　оқушылар_____　（生徒たちと）
7)　ықылас_____　（注意力をもって，真摯に）
8)　үлкен әріп_____　（大文字で）
9)　өз сөзіңіз_____　（あなたご自身の言葉で）
10)　аңның ізі_____　（獣の足跡に従って）

## (8) その他（準格語尾）

　三人称代名詞に着目すると，更に格語尾として認定できる接尾辞があります．以下に述べる接尾辞は，三人称所有接尾辞の後にнが介入する点で，上述の7格語尾に類する活用をします．

### (イ) 似格（+дай[6]）

　似格は，《…のような》を意味します．接尾される際の音声的な条件は，以下のようです．

| +дай / +дей  | 母音と有声子音の後 |
| --- | --- |
| +тай / +тей  | 無声子音の後 |
| +ндай / +ндей | 三人称所有接尾辞の後 |

cf. ондай そのような：мендей 私のような，сендей 君のような

　35-40 пілдің салмағындай болады.
　　それは35, 40頭の象の目方くらいになります．

— 27 —

## カザフ語文法読本

(ロ) 欠格 (+сыз[4])

欠格は，文中では《…なしで》を意味します．接尾される際の条件は，以下のようです．

| +сыз / +сіз | 三人称所有接尾辞以外の後 |
| --- | --- |
| +нсыз / +нсіз | 三人称所有接尾辞の後 |

cf. онсіз それなしで：менсіз 私なし[不在]で，сенсіз 君なしで
Жазу тілінсіз әдеби тіл болмайды.
書き言葉なしで標準語は存在しません．

(ハ) 従格 (+ша[4])

従格は，文中では《…に従えば》，《…によると》を意味します．接尾される際の条件は，以下のようです．

| +ша / +ше | 三人称所有接尾辞以外の後 |
| --- | --- |
| +нша / +нше | 三人称所有接尾辞の後 |

cf. онша それほど：менше 私的には，сенше 君的には
Мұғалімнің айтуынша тексеріп болыпты.
先生が言うには，調べ終わったそうです．

(二) 所有物接尾辞 (+нікі[3])

所有物接尾辞は，《…のもの》という意味を表す接尾辞です（所有代名詞も参照のこと）．その格変化は，+нікі[3] の i を三人称所有接尾辞の +i と同一視したように扱います．
接尾される際の音声的な条件は，以下のようです．

| +нікі | 母音の後 |
| +дікі | 有声子音の後 |
| +тікі | 無声子音の後 |

格変化は以下のようになります.

| | 主格 | +нікі³ | …のもの |
|---|---|---|---|
| | 属格 | +нікі³нің | …のものの |
| | 与格 | +нікі³не | …のものへ |
| 斜格 | 対格 | +нікі³н | …のものを |
| | 位格 | +нікі³нде | …のものに |
| | 奪格 | +нікі³нен | …のものから |
| | 助格 | +нікі³мен | …のものによって |

әкем<u>дікі</u>　私の父のもの
қырғыздар<u>дікі</u>　キルギス人たちのもの
басқа<u>нікі</u>н　他者のものを
бұлар<u>дікі</u>не　この人たちの家へ
Алшынбай<u>дікі</u>нде　アルシュンバイ家で
өзі<u>нікі</u>ндей　彼自身のもののように

カザフ語文法読本

## 3. 代名詞

カザフ語の代名詞は，(1) 人称代名詞，(2) 再帰代名詞，(3) 指示代名詞，(4) 疑問代名詞，(5) 総括代名詞，(6) 不定代名詞，(7) 否定代名詞，(8) 所有代名詞のように分類されます．

### (1) 人称代名詞
**人称代名詞の主格形**

カザフ語の人称代名詞（主格形）は下表の通りです．

人称代名詞の主格形：

| 人称＼数 | 単数 | 複数 |
| --- | --- | --- |
| 一人称 | мен | біз / біздер[注] |
| 二人称　親称 | сен | сендер |
| 二人称　敬称 | сіз | сіздер |
| 三人称 | ол | олар |

注）біздер の，述部における人称標識は，一律 біз に準じます（例えば *+мыздар という人称標識はありません）．
　　Біздер бүгін киноға барамыз.　私たちは今日映画へ行きます．

なお，カザフ語において人称に関わる文では，通常，人称標識（人称助詞や動詞人称接尾辞）が述部を締めくくります（三人称の非(副)動詞性述語文は除きます）．文中で人称代名詞は省略されても，人称標識は通常省略できません．

**人称代名詞の格変化形**

カザフ語には，主格を含め7つの格があります．通常の名詞類の単語とは若干異なり，一～三人称の単数形で不規則な活用をします．

以下，上述の主格形毎に，一～三人称の各活用形を，それぞれ見てゆきます．

第3部　名詞類

一人称代名詞の格変化形：

| 格 \ 一人称 | 私 | 私たち | |
|---|---|---|---|
| 主格（…は） | мен | біз | біздер |
| 属格（…の） | менің | біздің | біздердің |
| 与格（…へ） | маған | бізге | біздерге |
| 対格（…を） | мені | бізді | біздерді |
| 位格（…に） | менде | бізде | біздерде |
| 奪格（…から） | менен | бізден | біздерден |
| 助格（…と） | менімен | бізбен | біздермен |

二人称代名詞の格変化形：

| 格 \ 二人称 | 親称 君 | 親称 君たち | 敬称 あなた | 敬称 あなた方 |
|---|---|---|---|---|
| 主格（…は） | сен | сендер | сіз | сіздер |
| 属格（…の） | сенің | сендердің | сіздің | сіздердің |
| 与格（…へ） | саған | сендерге | сізге | сіздерге |
| 対格（…を） | сені | сендерді | сізді | сіздерді |
| 位格（…に） | сенде | сендерде | сізде | сіздерде |
| 奪格（…から） | сенен | сендерден | сізден | сіздерден |
| 助格（…と） | сенімен | сендермен | сізбен | сіздермен |

三人称代名詞の格変化形：

| 格 \ 三人称 | 彼(女)/それ | 彼(女)ら/それら |
|---|---|---|
| 主格（…は） | ол | олар |
| 属格（…の） | оның | олардың |
| 与格（…へ） | оған | оларға |
| 対格（…を） | оны | оларды |
| 位格（…に） | онда | оларда |
| 奪格（…から） | ондан | олардан |
| 助格（…と） | онымен | олармен |

カザフ語文法読本

【問9】次の文を人称代名詞に注意して訳しなさい．
1) Мен жапондықпын．
2) Біз жастымыз．
3) Сіз менің мұғалімімсіз．
4) Ол күні сен жоқсың．
5) Ол қазақ．

## (2) 再帰代名詞

再帰代名詞は，「行為者自身」や「物事自体」を表す代名詞です．өз《自身；自体》に所有接尾辞を付加して作られます．

### 再帰代名詞の主格形

再帰代名詞の主格形は，以下のようになります．

再帰代名詞の主格形：

| 人称 \ 数 | | 単数 | 複数 |
|---|---|---|---|
| 一人称 | | өзім | өзіміз |
| 二人称 | 親称 | өзің | өздерің |
| | 敬称 | өзіңіз | өздеріңіз |
| 三人称 | | өзі | өздері |

それぞれの意味は，өзім《私自身》，өзіміз《私たち自身》，өзің《君自身》，өздерің《君たち自身》，өзіңіз《あなた自身》，өздеріңіз《あなた方自身》，өзі《彼(女)自身；それ自体》，өздері《彼(女)ら自身；それら自体》となります．これらは人称代名詞に準じた用いられ方をし，文の主語として用いられると，人称代名詞の場合と同じ人称標識が文末で用いられます．

　　　Өзім барамын． 私本人が行きます．（＝ Мен өзім барамын．）

### 再帰代名詞の格変化形

再帰代名詞への格語尾は，主格形に規則的に付加されます．

第3部　名詞類

再帰代名詞の格変化形：

|  | 一人称 |  | 二人称 |  |  |  | 三人称 |  |
|---|---|---|---|---|---|---|---|---|
|  | 単 | 複 | 単・親 | 単・敬 | 複・親 | 複・敬 | 単 | 複 |
| 主格 | өзім | өзіміз | өзің | өзіңіз | өздерің | өздеріңіз | өзі | өздері |
| 属格 | ~нің | ~дің | ~нің | ~дің | ~нің | ~дің | ~нің | ~нің |
| 与格 | ~е | ~ге | ~е | ~ге | ~е | ~ге | ~не | ~не |
| 対格 | ~ді | ~ді | ~ді | ~ді | ~ді | ~ді | ~н | ~н |
| 位格 | ~де | ~де | ~де | ~де | ~де | ~де | ~нде | ~нде |
| 奪格 | ~нен | ~ден | ~нен | ~ден | ~нен | ~ден | ~нен | ~нен |
| 助格 | ~мен | ~бен | ~мен | ~бен | ~мен | ~бен | ~мен | ~мен |

## 再帰代名詞の用法

① өз が名詞の前に来て限定語として用いられた場合は，本来 өз に付加されるべき所有接尾辞などは省略できる．
　　өз кітабым ＝ өзімнің кітабым　　私自身の本
　　өз кітабыңыз ＝ өзіңіздің кітабыңыз　あなた自身の本

② 〔属格＋өзі〕《…それ自体》は，前の語を強調する．
　　Бұл ара жаздың өзінде де онша ыстық болмайды.
　　　この辺りは真夏でもあまり暑くなりません．

③ өз を並列した語組は，ハイフンでつなげて綴る．
　　өзін-өзі　自分自身を　　　　өзді-өзі　互いを互いが

【問10】次の文を，再帰代名詞に注意して訳しなさい．
1) ол өзі келу
2) маған өзіңізді таныстыру
3) өз үйлеріне қайту
4) есте ұстаудың өзі
5) өзіне-өзі қызмет ету

### (3) 指示代名詞

　指示代名詞は，近くや遠くにある物を示したり，頭に思い描いた物事などを指す代名詞です．

カザフ語文法読本

## 指示代名詞の主格形

カザフ語には，主に以下のような指示代名詞があります（単数形は全て連体詞として名詞を修飾する用法があります）．

指示代名詞の格変化形1：

| 主格 | бұл<br>これ | бұлар<br>これら | сол<br>それ | солар<br>それら | осы<br>これ | осылар<br>これら |
|---|---|---|---|---|---|---|
| 属格 | бұның<br>мұның | ~дың | соның | ~дың | осының | ~дың |
| 与格 | бұған | ~ға | соған | ~ға | осыған | ~ға |
| 対格 | бұны<br>мұны | ~ды | соны | ~ды | осыны | ~ды |
| 位格 | бұнда<br>мұнда | ~да | сонда | ~да | осында | ~да |
| 奪格 | бұдан<br>мұнан | ~дан | содан<br>сонан | ~дан | осыдан<br>осынан | ~дан |
| 助格 | бұнымен<br>мұнымен | ~мен | сонымен | ~мен | осымен | ~мен |

＊三人称代名詞として挙げた ол《彼(女)》/ олар《彼(女)ら》も，指示代名詞 ол《それ，あれ》/ олар《それら，あれら》として用いられます．

指示代名詞の格変化形2：

| 主格 | мына<br>これ | мыналар<br>これら | ана<br>あれ | аналар<br>あれら |
|---|---|---|---|---|
| 属格 | ~ның | ~дың | ~ның | ~дың |
| 与格 | ~ған | ~ға | ~ған | ~ға |
| 対格 | ~ны | ~ды | ~ны | ~ды |
| 位格 | ~да | ~да | ~да | ~да |
| 奪格 | ~дан | ~дан | ~дан | ~дан |
| 助格 | ~мен | ~мен | ~мен | ~мен |

＊мына と ана には，+у（← *bu これ）の付加した мынау《これ》，анау《あれ》という語形も用いられます．

## 指示代名詞の人称所有形

指示代名詞にも所有接尾辞が付加されます．そして，《一定の人称に関わるところの（指示代名詞が示す）物事》を指し示します．

指示代名詞（бұл, сол, ол, осы）の人称所有形：

|  | бұл | сол | ол | осы |
|---|---|---|---|---|
| 私の | бұным | соным | оным | осым, осыным |
| 私たちの | бұнымыз | сонымыз | онымыз | осымыз |
| 君の | бұның | соның | оның | осың, осының |
| あなたの | бұныңыз | соныңыз | оныңыз | осыңыз |
| 彼(女)の／その | бұнысы | сонысы | онысы | осысы |

|  | бұлар | солар | олар | осылар |
|---|---|---|---|---|
| 私たちの | бұларымыз | соларымыз | оларымыз | осыларымыз |
| 君(たち)の | бұларың | соларың | оларың | осыларың |
| あなた(方)の | бұларыңыз | соларыңыз | оларыңыз | осыларыңыз |
| 彼(ら)の | бұлары | солары | олары | осылары |

指示代名詞（мына(у), ана(у)）の人称所有形：

|  | мынау | анау |
|---|---|---|
| 私の | мынауым | анауым |
| 私たちの | мынауымыз | анауымыз |
| 君の | мынауың | анауың |
| あなたの | мынауыңыз | анауыңыз |
| 彼(女)の／その | мынауы | анауы |

|  | мыналар | аналар |
|---|---|---|
| 私たちの | мыналарымыз | аналарымыз |
| 君(たち)の | мыналарың | аналарың |
| あなた(方)の | мыналарыңыз | аналарыңыз |
| 彼(ら)の／それらの | мыналары | аналары |

【問11】次の文を，指示代名詞に注意して訳しなさい．

1) Бұл кім?
2) Мұнда кел!

3) Сол кезде ол қанша жастарда еді?
4) Ананы маған берші.
5) Мынаған ұқсатып біреу жасашы.

**(4) 疑問代名詞**

ここで言う疑問代名詞は，いわゆる疑問詞の総称としての呼び名です．細かくはそれぞれ機能別に，名詞的なもの，形容詞的なもの，副詞的なものの3種類に分けられます．それらには，次のようなものがあります．кім《誰》, не《何》, немене《何》, қай《どの》, қайсы《どれ》, қандай《どんな》, қалай《どのように》, қанша《いくつ，どれだけ》, неше《いくつ》, қайда《どこで》, қайдан《どこから》, қашан《いつ》, неге《なぜ》, неліктен《何ゆえ》などです．

## 疑問代名詞の用法

① 疑問代名詞を用いた疑問文では，疑問助詞 ма[6]《か》はふつう用いられない（日本語の疑問助詞「か」とは異なる）．
　　Олар онда не істейді？　彼らはそこで何をしていますか？
② кім, не, немене, қайсы, неше などは，格語尾や複数接尾辞，所有接尾辞が付加される．
　　Ол кімді көрді？　彼は誰を見ましたか？
③ қандай の他，недеген（← не деген），неткен（← не еткен）などは，感嘆文で《何と…なことか！》の意味でも用いられる．
　　Неткен тамаша жазу еді！　何と美しい字なんだ！
④ 疑問代名詞は，不特定の対象も表す．
　　Не керектің бәрі бар.　必要な物は何でもあります．
⑤ 指示代名詞などと呼応して，関係詞節を構成する．
　　Не ексең, соны орарсың.
　　　自ら蒔いた種は自ら刈ることとなる．（諺）

【問12】次の文を，疑問代名詞に注意して訳しなさい．
　1) Атың кім？

2) Кітап қайда?
3) Қайдан келді?
4) Қандай жақсы адамдар!
5) Кім жұмыс істесе, сол тоқ.

### (5) 総括代名詞

総括代名詞とは，一定の物事を一括りにして示す代名詞です．бәрі《その全て》，барлық《全て(の)》，барша《一切(の)》，бар《あらゆる》，бүкіл《全…》，бүтін《完全な》，күллі《丸々の》，тамам《全部の》などがあります．その内，бәріはすでに三人称所有接尾辞付きの形式であり，барлықとбаршаは所有接尾辞を伴って，名詞的に格変化もします（これらは全てбар《ある》に由来）．その他は普通，限定語として形容詞的に用いられます．

Бәрі жеңіс үшін!　　　全ては勝利のために！
жер бетіндегі бар тіршілік　地上のあらゆる生命

【問13】以下の句を，総括代名詞に注意して訳しなさい．
1) осының бәрі
2) бүтін дүниедегі халықтар
3) бүкіл ауданның даңқы
4) күллі елдің жастары
5) барлығымыз

### (6) 不定代名詞

不定代名詞とは，主にбір《1つの》，әр《毎》，әлде《もしくは》の3語を元にして作られる一群の代名詞を指します．以下のような語があります．
 a. біреу 誰かある人，кейбіреу 若干の人，кейбір 個々の，қайсыбір 若干の，әрбір 各々の，бірнеше 幾つかの，бірдеме/бірдене 何か
 b. әркім 各人，әрқайсы 個々のどれ，әрнеме 各物事
 c. әлдекім 不明のある人，әлдеқайдан 不明のどこかから，әлдеқандай/әлденендей 何らかの，әлдене 不明の何か，әлденеше 不明の幾つ

か，әлдеқашан 不明のいつか；とっくに

бірнеше күн күту　何日か待つ
әлденендей мәселелерге ой жүгіртіп келу
　何らかの問題に思考を巡らせやって来る

【問14】次の文を，不定代名詞に注意して訳しなさい.
1) Біреу саған бірдеме деді ме?
2) Қымызды әркім ішеді.
3) Міндет әлдеқашан орындалды.
4) Бұл әрқайсы адамның борышы.
5) Кейбір адамдардың үйі зиянға ұшырады.

**(7) 否定代名詞**
　否定代名詞は，《1つも（…ない）》，《決して（…ない）》を表します．主にеш《何も（…ない）》と他の語との組み合わせで作られます．ешкім《誰も（…ない）》，ешқашан《いつも（…ない）》，ешбір《1つも（…ない）》，ешнәрсе《いかなる物［事］も（…ない）》，ештеме《何も（…ない）》，ешқандай《いかなる…も（ない）》，ешқайсы《いかなる人も（…ない）》などがあります．これらは，文中で必ず否定語（動詞の否定形や，емес《…ではない》，жоқ《ない》，+сыз$^2$《…のない》など）を伴って用いられます．

ешқайда бармау　　　どこへも行かない
ешнәрсенің керегі жоқ　何も必要ない

【問15】次の文を，否定代名詞に注意して訳しなさい.
1) Еш қажеті жоқ.
2) Ешбір нәтиже жоқ.
3) Ауылда ешкім жоқ па?
4) Ештеме етпейді.
5) Ешнәрсе естілмеді.

## (8) **所有代名詞**

所有代名詞は，代名詞類（人称代名詞や指示代名詞など）に所有物接尾辞 +нікі³（+нікі / +дікі / +тікі）《…のもの》が付加された，所有物を表す代名詞です．所有代名詞の格変化は，三人称所有接尾辞が付加したものに準じます．

| | | | |
|---|---|---|---|
| менікі | 私のもの | біздікі | 私たちのもの |
| сенікі | 君のもの | сендердікі | 君たちのもの |
| сіздікі | あなたのもの | сіздердікі | あなた方のもの |
| онікі | 彼(女)のもの | олардікі | 彼らのもの |
| мынанікі | この(人)のもの | кімдікі | 誰のもの |

біздікіне келіп тұру 　私たちの所（我が家）に頻繁に来る
ешкімдікі де емес 　誰のものでもない

【問16】次の文を，所有代名詞に注意して訳しなさい．
1) Мынау кімдікі?
2) Бұл кітап менікі.
3) Онікі дұрыс емес.
4) Менікін қарап беріңізші!
5) Қонақтар олардікінде қонып кетті.

## 4. 補助名詞

　補助名詞は，方向や位置関係を表す名詞の一群です．これらは通常，所有接尾辞を伴なった形で用いられます（例えば，алд《前》やаст《下》，үст《上》は，辞書の見出しでは通常，алды, асты, үсті として，三人称所有接尾辞付きの形で挙げられています）．その上で文中では場合により，時や空間関係を表す与格や位格，奪格などと共に用いられ，副詞性の状況語として用いられます．前の名詞との間に，属格語尾は取ったり取らなかったりします．

айнала　周囲
　　үйдің айналасында　家の周囲に
алд　前（複数形はалдар）
　　алдымнан　私の前から，алдарына　彼らの前へ
алдар（алдの複数形）→ алд
ара　間
　　оқушылар арасында　生徒たちの間で
арт　後
　　артыңызға　あなたの後ろ側へ，арт-артынан　次々に
аст　下
　　жер астында　地下に，қар астында　雪の下に
бас　傍ら，たもと
　　от басы　火の傍ら，көлдің басына　湖畔へ
бет　面
　　су беті　水面，жер бетінде　地面に
жақ　方向，側
　　мектептің бері жағында　学校のこちら側に
жан　傍ら
　　құмыраның жанында　甕の傍らに
қарсы　向い，反対側
　　қарсымыздағы пәтер　私たちの向いにあるアパート
қас　隣，傍ら
　　мектептің қасында　学校の傍らに

— 40 —

маң　付近, 周囲, 周辺
　　оның үйінің маңында　彼の家の周辺に
маңай → маң
орта　中央, 真ん中
　　түн ортасы　真夜中, қаланың ортасында　都市の中央に
орын　場所 (与格を従えて《…の代わりに》の意を表す)
　　менің орныма　私の代わりに
соң　末, 最後
　　ең соңында　その最後に
сырт　外
　　үйдің сырты　家の外
төңірек　周り
　　қала төңірегі　都市の周辺
түп　底；付近
　　теңіз түбі　海底, қаласының түбіне келу　その都市の付近に来る
үст　上
　　үй үсті　屋上, үстелдің үстінде　机の上に
іш　中
　　үйдің іші　家の中

【問17】次の句を, 補助名詞に注意して訳しなさい.
　1) тамақтың алдында
　2) біреудің орнына
　3) қыс ортасынан бері
　4) там түбінде
　5) мұның ішінде

## 5. 形容詞

形容詞は，名詞類に属する語の機能の1つで，物事の性質や状態，関係などを表します．(1) 性質形容詞，(2) 関係形容詞に大別されます．基本形のまま，名詞を修飾したり，文の述語になる他，副詞としても機能します．また，名詞化（主語になったり格語尾や所有接尾辞，複数接尾辞を取る）したり，名詞類から名詞類や動詞類を派生する接尾辞などと結合します．

### 形容詞概観

①〜④は，жақсы《良い》を例に挙げます．
① 名詞を修飾する（修飾される名詞は所有接尾辞を取らない）．
　　жақсы адам.　良い人
② 述語になる．
　　Бұл кітап өте жақсы.　この本はとても良い．
③ 副詞になる．
　　Ол қазақша жақсы сөйлейді.　彼はカザフ語を上手に話す．
④ 名詞になる．
　　Жақсыдан үйрену керек.　優れた者から学ぶ必要がある．
⑤ 名詞の特徴をもとに形容詞へ転化する．
　　ағаш үй（木 → "木製の"＋"家"）⇒ 木造の家

### (1) 性質形容詞

性質形容詞は，物事の外見や様子，性質などを表します．語根のみからなるものと，動詞などからの派生によるものなどがあります．

### 性質形容詞の種類

① 色彩に関するもの：
　　ақ 白い，ала まだらの，боз 灰白色の，жасыл 緑色の，жирен 赤茶色の，кер 栗毛の，көк 青い，күрең 褐色の，қара 黒，қоңыр 暗褐色の，құла 黄褐色の，қызыл 赤い，торы 棗色の，сары 黄色の，сұр 灰色の，など．
② 空間や面積などに関するもの：
　　аз 少ない，аласа 低い，арық 痩せた，биік 高い，жақын 近い，жуан

太い，жұқа 薄い，жіңішке 細い，кең 広い，көп 多い，кіші 小さい，қысқа 短い，семіз 太った，тар 狭い，таяз / саяз 浅い，терең 深い，ұзақ 遠い，ұзын 長い，ұсақ 細かい，үлкен 大きい，など．
③ 性質などを表すもの：
ауыр 重い，бай 豊かな，ескі 古い，жақсы 良い，жаман 悪い，жаңа 新しい，жас 若い，жеңіл 軽い，жұмсақ 軟らかい，жылы 暖かい，кәрі 老いた，кедей 貧しい，қатты 硬い，қою 濃い，тоң 凍った，суық 寒い，сұйық 流動的な，ыстық 熱い，など．

**性質形容詞の級**

カザフ語の形容詞は，印欧語の屈折による級の枠組みを当てはめれば，性質形容詞を中心に，原級をもとに比較級や最上級を表すことができます．また，強調を表す強化形，その反対に弱化形を形成します．

① 比較級

《より…な》，《…めの》を意味する形式です．原級の語幹に +ырақ[4]（+ырақ / +ірек, +рақ / +рек）を付加して作ります．

| +ырақ / +ірек | 子音の後 |
| --- | --- |
| +рақ / +рек | 母音の後 |

 аласа 丈の低い — аласарақ より丈の低い
 ауыр 重い — ауырырақ より重い
 кең 広い — кеңірек より広い
 жақсы 良い — жақсырақ より良い
-к / -қ, -п に終わる形容詞は，+ырақ / +ірек の母音の介入によってそれぞれ -ғ / -г, -б に音が変わります．
 биік 高い — биігірек より高い
 ұзақ 遠い — ұзағырақ より遠い
 көп 多い — көбірек より多い

【問18】次の形容詞を比較級にしなさい．
　1）ақ　白い
　2）көк　青い
　3）қысқа　短い
　4）ұзын　長い
　5）ыстық　熱い

② 最上級
原級の前に副詞ең《最も》を付加して表します．
　ең жақсы　最も良い
　ең үлкен　最も大きい
　ең жаман　最も悪い
　ең кіші　最も小さい

【問19】次の形容詞を最上級にしなさい．
　1）ескі　古い
　2）кедей　貧しい
　3）қысқа　短い
　4）ұзын　長い
　5）ыстық　熱い

③ 強化形
　強化形とは，日本語で「真っ白」，「真っ黒」の「真っ」のような，語勢を強める接頭語を用いる形式です．カザフ語では，母音始まりの形容詞ならば，第一音節目の母音にпを，子音始まりならば，子音と母音の組み合わせに同じくпを付加し，原級の前に置くことで生産的に作られます．この際，両者はハイフンでつなげて綴ります．
　айқын　明白な ― ап-айқын　実に明白な，明々白々の
　әдемі　美しい ― әп-әдемі　実に美しい
　жіңішке　細い ― жіп-жіңішке　実に細い，か細い
　кең　広い ― кеп-кең　実に広い

оңай　　容易な — оп-оңай　　　実に容易な，朝飯前の
сау　　　健康な — сап-сау　　　実に健康な
үлкен　　大きい — үп-үлкен　　実に大きい

ただし，第一音節がи, у（補助母音）の時は，単語内の母音を分析して強化形を作ります．

шырақ (← *шыйрақ)　丈夫な — шып-шырақ　実に丈夫な
биік (← *бийік)　　　高い　 — біп-биік　　実に高い
жуан (← *жұуан)　　 太い　 — жұп-жуан　　実に太い

＊ ақ《白い》は аппақ《真っ白な》，көк《青い》は көкпеңбек《真っ青な》という別の形を取ります．

【問20】次の形容詞を強化形にしなさい．
 1)　дөңгелек　丸い
 2)　қызыл　　赤い
 3)　сүйір　　尖った
 4)　суық　　寒い
 5)　тік　　　直立した

④ 弱化形

弱化形とは，《やや…な》，《幾分…めの》を意味する形式です．原級の語幹に +лау[6]（+лау / +леу, +дау / +деу, +тау / +теу）を付加して作ります．接尾される際の音声的な条件は，以下のようです．

| +лау / +леу | 母音と -й, -р, -у の後 |
| --- | --- |
| +дау / +деу | その他の有声子音の後 |
| +тау / +теу | 無声子音の後 |

ауыр　重い　　 — ауырлау　　やや重い
жадау　やつれた — жадаулау　 やややつれた
қызыл　赤い　　 — қызылдау　 やや赤い

```
кең     広い    — кеңдеу        やや広い
кесек   大ぶりな — кесектеу      やや大ぶりな
```

【問21】次の形容詞を弱化形にしなさい．
1) биік    高い
2) жеңіл   軽い
3) нашар   劣った
4) ұзын    長い
5) суық    寒い

(2) **関係形容詞**

名詞や動詞に，形容詞を形成する接尾辞を付加することによって作られます．若干のものを除き一般に，関係形容詞は，性質形容詞でみた級の体系は有さないとされます．

(イ) 名詞派生の関係形容詞

① +ғы[4]（+ғы / +гі, +қы / +кі）：《…の》(主に時間や空間[場所]に関する語に付加)

```
жаз    夏  — жазғы    夏の
бүгін  今日 — бүгінгі  今日の
іш     内  — ішкі     内部の
```

② +дағы[4]（+дағы / +дегі, +тағы / +тегі）：《(…にあるところ)の》,《…における》(位格+ғы[4]；「位格」も参照のこと)

```
алыс   遠方 — алыстағы  遠方の
қала   都市 — қаладағы  都市の
мектеп 学校 — мектептегі 学校の
```

③ +дай[4]（+дай / +дей, +тай / +тей）：《…くらいの》,《…のような》(「似格」も参照のこと)

```
мен     私  — мендей     私くらいの
тас     石  — тастай     石のような(硬さの)
жиырма  20  — жиырмадай  20くらいの
```

第3部　名詞類

④ +лы⁶（+лы / +лі, +ды / +ді, +ты / +ті）:《…を有した》,《…のある》
　　ат　　馬　— атты　　馬に乗った
　　жеміс　果物 — жемісті　果実のある
　　қар　　雪　— қарлы　　雪のある
⑤ +лық⁶（+лық / +лік, +дық / +дік, +тық / +тік）:《…と関係した》
　　қала　　都市 — қалалық　都市の
　　облыс　州　— облыстық　州の
　　капиталист　資本家（語末のтは接尾辞の付加で脱落します）
　　　　　　　— капиталистік　資本主義の
⑥ +сыз²（+сыз / +сіз）:《…のない》(「欠格」も参照のこと)
　　ақша　お金 — ақшасыз　お金のない
　　жігер　勇気 — жігерсіз　勇気のない
　　сан　　数　— сансыз　　無数の
⑦ +ша²（+ша / +ше）:《…式の》;《…語(の)》(「従格」も参照のこと)
　　ауыз　　口　　— ауызша　　口語の
　　жазба　書写の — жазбаша　書面式の
　　қазақ　カザフ人 — қазақша　カザフ式の; カザフ語
⑧ +шаң²（+шаң / +шең）:《…の特徴をもった》
　　ауру　病気 — аурушаң　病気しがちの
　　бой　　背丈 — бойшаң　　背の高い
　　тер　　汗　— тершең　　汗かきの
⑨ +шыл²（+шыл / +шіл）:《…を嗜好するところの》
　　ескі　古い — ескішіл　保守の
　　оң　　右　— оңшыл　　右派の
　　ұйқы　眠り — ұйқышыл　寝てばかりの
⑩ бей+（接頭辞）(< Pers.bī+ 無, 非, 不):《…のない》
　　күнә　罪　— бейкүнә　無実な
　　маза　平安 — беймаза　不安な
　　таныс　知人 — бейтаныс　見知らぬ

— 47 —

【問22】次の名詞から派生した形容詞の意味を当てなさい．
1) ертең 明日 → ертеңгі
2) қоғам 社会 → қоғамдағы
3) тау 山 → таудай
4) бұлт 雲 → бұлтты
5) ұят 恥 → ұятсыз

(ロ) **動詞派生の関係形容詞**

① =аған$^2$ (=аған / =еген)：《よく…する》
   бер= 与える ― береген 気前のよい
   қап= かみつく ― қабаған 咬みつき癖のある
   теп= 蹴る ― тебеген （家畜が）蹴り癖のある

② =арлық$^4$ (=арлық / =ерлік, =рлық / =рлік)：《…するに値する》
   қызық= 興味を持つ ― қызығарлық 興味深い
   мақта= 誉める ― мақтарлық 誉めるに値する
   таңдан= 驚く ― таңданарлық 驚くべき

③ =ғыр$^4$ (=ғыр / =гір, =қыр / =кір)：《よく…する》
   ал= 取る ― алғыр 狩上手な；賢い
   өт= 鋭利になる ― өткір 鋭い
   тап= 見つける ― тапқыр 機知のある

④ =ғыш$^4$ (=ғыш / =гіш, =қыш / =кіш)：《よく…する》
   сез= 感じる ― сезгіш 敏感な
   таны= 識別する ― танығыш 識別に長けた
   ұқ= 理解する ― ұққыш 理解力のある

⑤ =малы$^6$ (=малы / =мелі, =балы / =белі, =палы / =пелі)：《…する性質[方式]のある》(=ма$^6$+ +лы$^4$)
   ауыс= 換わる ― ауыспалы 交替制の
   жұқ= 感染する ― жұқпалы 感染性の
   суар= 灌漑する ― суармалы 灌漑式の

⑥ =шақ$^2$ (=шақ / =шек)：《よく…する》
   ашулан= 怒る ― ашуланшақ 怒りっぽい

```
erін=    怠ける    — еріншек    怠け者の
мақтан=  自慢する  — мақтаншақ  自慢やの
```

⑦ =ымды⁴ (=ымды / =імді, =мды / =мді)：《…の傾向のある》
```
жақ=   (…に)好かれる — жағымды   人に好まれる
жара=  適合する     — жарамды   適合した
ұна=   気に入る     — ұнамды    気に入った
```

⑧ =ынды⁴ (=ынды / =інді, =нды / =нді)：《…された》
```
асыра= 飼育する     — асыранды  ペットの
жаса=  作る         — жасанды   人工の；偽造の
түй=   結目を付ける — түйінді   結目のある；要の
```

⑨ =ыңқы⁴ (=ыңқы / =іңкі, =ңқы / =ңкі)：《…した状態の》
```
бағын= 従属する — бағыныңқы  従属している
жап=   覆う     — жабыңқы    気がふさぎ込んだ
көтер= 上げる   — көтеріңкі  高まった
```

【問23】次の動詞から派生した形容詞の意味を当てなさい．
1) сүз= 角で突く → сүзеген
2) қуант= 喜ばせる → қуантарлық
3) өзгер= 変わる → өзгергіш
4) ұял= 恥じる → ұялшақ
5) бытыра= 散らばる → бытыраңқы

## 6. 数詞

数詞は数量を表現するための語彙類です．カザフ語の数詞は日本語と同様に十進法で，機能上，形容詞とほぼ同じです．基数詞を元に，以下のような様々な数量表現が可能です．

以下では，(1) 基数詞，(2) 概数詞，(3) 分配数詞，(4) 分数詞と小数，(5) 集合数詞，(6) 序数詞を学びます．

### (1) 基数詞

カザフ語の基数詞は以下のようです．

基数詞：

| бір | 1 | он | 10 | жүз | 100（百） |
| екі | 2 | жиырма | 20 | мың | 1 000（千） |
| үш | 3 | отыз | 30 | он мың | 10 000（一万） |
| төрт | 4 | қырық | 40 | жүз мың | 100 000（十万） |
| бес | 5 | елу | 50 | миллион | 1 000 000（百万） |
| алты | 6 | алпыс | 60 | он миллион | 10 000 000（千万） |
| жеті | 7 | жетпіс | 70 | жүз миллион | 100 000 000（一億） |
| сегіз | 8 | сексен | 80 | миллиард / мың миллион | 1 000 000 000（十億） |
| тоғыз | 9 | тоқсан | 90 | | |

＊ нөл《0》．

### 基数詞の用法

① 複合数詞の表し方．
 (1) 日本語と同じ順序で基数詞を前から順番に並べる．
  он тоғыз　19　　　　　отыз сегіз　38
  төрт жүз жетпіс бес　475　　екі мың он алты　2016
 (2) 100の位以上の数詞のбірは省略できる．
  (бір) мың тоғыз жүз қырық　1940
② 百分率（パーセント）の表し方．
 пайыз / процент を基数詞の後に置いて表す．
  53 [елу үш] пайыз　53%　　80 [сексен] процент　80%

③ 時間の表し方.
（1）何時何分の「時」は〔сағат＋数詞〕で次のように表す.
сағат бір　1時　　　Сағат он екі болды.　12時になりました.
（2）「分」は〔数詞＋минут〕,「秒」は〔数詞＋секунд〕で表す.
төрт минут　4分　　　　алпыс секунд　60秒
Сағат оннан үш минут өтті.　10時3分過ぎです.
（3）「30分」は жарым (сағат)《半（時間）》,「15分」は ширек (сағат)《4分の1（時間）》を用いて表すこともできる.
Сағат он бір жарым болды.　11時半になりました.
Сағат сегізге ширек қалды.　8時15分前です.
（4）期間としての時間は〔数詞＋сағат〕で表す.
алты сағат　6時間　　　　жиырма төрт сағат　24時間

## 若干の度量衡の単位と略号

カザフ語で用いられる若干の度量衡の単位と，その略号を以下に示します.

| гектар | га | ヘクタール | литр | л | リットル |
| грамм | г | グラム | метр | м | メートル |
| килограмм | кг | キログラム | миллиметр | мм | ミリメートル |
| километр | км | キロメートル | сантиметр | см | センチメートル |

Серік 150 м жердегі дүкенге барып, 1 кг құмшекер, 200 г тоңмай, 1 кг кәмпит және 250 г кеспе сатып әкелді.
　セリクは150mのところにある店に行って，1kgの砂糖，200gのラード，1kgのキャンディーと250gの麺を買って来ました.

【問24】次の数詞をキリル文字で書きなさい.
1）　56
2）　72
3）　564
4）　1026
5）　18935

**(2) 概数詞**

　概数詞は，数詞の表す具体的な数量をぼかし，《…くらい》の意味を表す表現です．基数詞を元に，以下のような複数の方法で表されます．
① бір《1》のみにつき，接尾辞+ер を付ける：бірер《1, 2の，わずかの》
　　　бірер мысал　1つ2つの例　　　бірер кесе шай　1, 2杯のお茶
② бір-екі《1, 2》のように，2つの基数詞をハイフンでつなげる．
　　　төрт-бес адам　4, 5人　　　он бес-он алты сағат　15, 6時間
③ +лар[6]《…前後》（複数接尾辞）を基数詞の後に付加する．
　　　Ол отыздарда.　彼は30前後です（年齢が）．
④ 基数詞の後に以下の接尾辞を付加する．
　　(1) +дай[4]（+дай / +дей, +тай / +тей）《…ほどの》，《…くらいの》
　　　　екі-үш жүздей қой　2, 3百頭くらいの羊
　　(2) +лаған[6]（+лаған / +леген, +даған / +деген, +таған / +теген）《…あまりのもの》，《幾…もの》
　　　　ондаған　10幾つもの　　　жүздеген　何百もの
⑤ шақты / шамалы《…くらいの》を後置する：〔基数詞+〕
　　　он шақты бала　10人ほどの子供
⑥ жақын / жуық / тарта《(…に)近い》を後置する：〔基数詞+与格〕
　　　отызға тарта ұлт　30近い民族
⑦ артық / астам / аса《…以上の》を後置する：〔基数詞+奪格〕
　　　100 мыңнан артық үй　10万軒以上の家

【問25】次の数詞に+дай[4]《…くらいの》を付け，キリル文字で書いて訳しなさい．
　1)　6
　2)　32
　3)　10-15
　4)　70-80
　5)　350

### (3) 分配数詞

相互に等しい一定数のまとまりを表す表現で，《…ずつ》を意味します．単独の数詞か，同じ（または同程度の）数詞を2回繰り返したものに奪格を付けて表されます．

  бес<u>тен</u> 5つずつ    жиырма-отыз<u>дан</u> 2, 30ずつ

### (4) 分数詞と小数

 分数詞は，基数詞に奪格（または属格）を付加して表します．

  екі<u>ден</u> бір （～ екі<u>нің</u> бірі） $\dfrac{1}{2}$ （2分の1）

  төрт<u>тен</u> үш （～ төрт<u>тің</u> үші） $\dfrac{3}{4}$ （4分の3）

＊「2分の1」，「4分の1」の意では，жарым / жарты《半分(の)》，ширек《4分の1(の)》という語も使われます．

  бір жарым 1つ半    бес жарым жыл 5年半
  жарты ғасыр 半世紀   ширек ғасыр 四半世紀

 整数がある場合には，基数詞の後にбүтінを続け，その後に分数を置きます．

  $1\dfrac{3}{5}$ бір <u>бүтін</u> бес<u>тен</u> үш （1と5分の3）

  $5\dfrac{4}{7}$ бес <u>бүтін</u> жеті<u>ден</u> төрт （5と7分の4）

 小数も同様の方式で表します（小数点は「,」を使います）．

  8,5 → $8\dfrac{5}{10}$ сегіз бүтін он<u>нан</u> бес （8と10分の5）

  0,002 → $0\dfrac{2}{1000}$ нөл бүтін мың<u>нан</u> екі （0と1000分の2）

カザフ語文法読本

【問26】次の小数をキリル文字で書きなさい.
1) 0,6
2) 2,3
3) 0,45
4) 7,04
5) 19,158

(5) **集合数詞**

集合数詞は《都合幾つ》を表す数詞です．1〜6まであり，基数詞に+ay² (+ay / +ey) を付けた語形をしています（екіとалтыのi / ыは脱落します）．集合数詞には，名詞を修飾する形容詞的な用法はありません．

| бiреу | 1つ，1人 | төртеу | 4つ，4人 |
| --- | --- | --- | --- |
| екеу | 2つ，2人 | бесеу | 5つ，5人 |
| үшеу | 3つ，3人 | алтау | 6つ，6人 |

＊《幾つ，何人》はнешеуを用います．
　　Асан екеуіміз　　アサンと私の2人
　　балалардың бесеуі　　子供たちの(内の)5人

(6) **序数詞**

序数詞は，基数詞の後に+ыншы⁴ (+ыншы / +інші, +ншы / +нші) を付けて作られます（その際，40のみは第2音節目のыが落ちます）．

| 序数詞 | ローマ数字 | 意味 | жиырманшы | XX | 20番目 |
| --- | --- | --- | --- | --- | --- |
| бірінші | I | 1番目 | отызыншы | XXX | 30番目 |
| екінші | II | 2番目 | қырқыншы | XL | 40番目 |
| үшінші | III | 3番目 | елуінші | L | 50番目 |
| төртінші | IV | 4番目 | алпысыншы | LX | 60番目 |
| бесінші | V | 5番目 | жетпісінші | LXX | 70番目 |
| алтыншы | VI | 6番目 | сексенінші | LXXX | 80番目 |

| жетінші | VII | 7番目 | тоқсаныншы | XC | 90番目 |
| сегізінші | VIII | 8番目 | жүзінші | C | 100番目 |
| тоғызыншы | IX | 9番目 | бес жүзінші | D | 500番目 |
| оныншы | X | 10番目 | мыңыншы | M | 1000番目 |

＊《20番目》は，жиырмасыншы という形も用いられます．

### 序数詞の用法

① 複合序数詞は，数の最終桁に +ыншы[4] を付ける．
　　жиырма алтыншы　26番目　　бір жүз он үшінші　113番目
② ローマ数字 (I, II, III ...) は，序数詞の表記に用いられる．
　　шығарманың II томы　著作の第2巻目　　XIX ғасыр　19世紀
③ アラビア数字 (1, 2, 3 ...) で序数詞を表記する際には，+ыншы[4] の代りにハイフンを基数詞に付け，後続の語とつなぐ．（ただし年号と日付は除く．→ ④)
　　Біз 3-қабатта тұрамыз.　私たちは3階に住んでいます．
④ 年号および日付は序数詞で表す．その場合，年号（жыл に先行する）と，日付を表す数詞（月名に先行する）には，通常ハイフンを付けない．
　(1) 年号
　　　1986 [(бір) мың тоғыз жүз сексен алтыншы] жыл(ы)　1986年(に)
　(2) 日付
　　　日付は，月名に先行する場合，序数詞で表される．
　　　отызыншы тамыз (айы)　8月30日
　　　жиырма бесінші мамырдан алтыншы маусымға дейін
　　　5月25日から6月6日まで
　＊日付は，月名に後行する場合，基数詞が使われることもあります．
　　　тамыз айының отызы （〜 тамыздың отызы）　8月30日

### 月名

　月名は以下のようです．カザフスタンでは，従前はロシア語からの借用語が，近年では伝統的な固有の月名が用いられます．

カザフ語文法読本

月の名称：

| 日本語＼カザフ語 | 月の名称 伝統暦系 | 月の名称 ロシア語系 |
|---|---|---|
| 1月 | қаңтар | январ_ь (+ы) |
| 2月 | ақпан | феврал_ь (+ы) |
| 3月 | наурыз | март |
| 4月 | сәуір | апрел_ь (+i) |
| 5月 | мамыр | май |
| 6月 | маусым | июн_ь (+i) |
| 7月 | шілде | июл_ь (+i) |
| 8月 | тамыз | август (+ы) |
| 9月 | қыркүйек | сентябр_ь (+i) |
| 10月 | қазан | октябр_ь (+i) |
| 11月 | қараша | ноябр_ь (+i) |
| 12月 | желтоқсан | декабр_ь (+i) |

＊ロシア語系の月名における語末の下線部は，三人称所有接尾辞（+ы / +i）の付加で脱落することを示します．

【問27】次の日付を序数詞で表しなさい．なお，月名は伝統暦の名称を用いること．
1) 1月10日
2) 4月2日
3) 7月17日
4) 9月30日
5) 11月25日

## 7. екен

екенは，名詞類に属する付属形式であり，常に句や文の末尾で用いられます．名詞類としては，動詞の目的語となる句を受け，《…であること》を意味します（この場合екендікと互換可能です）．元々動詞е=《…である》の完了形動詞形で，形容詞相当の語です．

 қайда екенін білу　どこにあるのか知る(こと)

 үйінде кімдер бар екендігін маған айту

  君の家に誰々がいるのかを私に話す(こと)

＊екенの不変化詞類としての用法は，助詞の項目を参照下さい．

# 第4部　動詞類

## 動詞類と他の品詞類との関係

　名詞類と並んで，文中で重要な位地を占めるのが動詞類です．動詞は，動詞語根の意味や機能を生かしたまま，動詞類に留まる接尾辞以上に，多様な名詞類・不変化詞類相当の語を派生します．本課で習う主なものを挙げて示すと，以下のような体系をなしています．

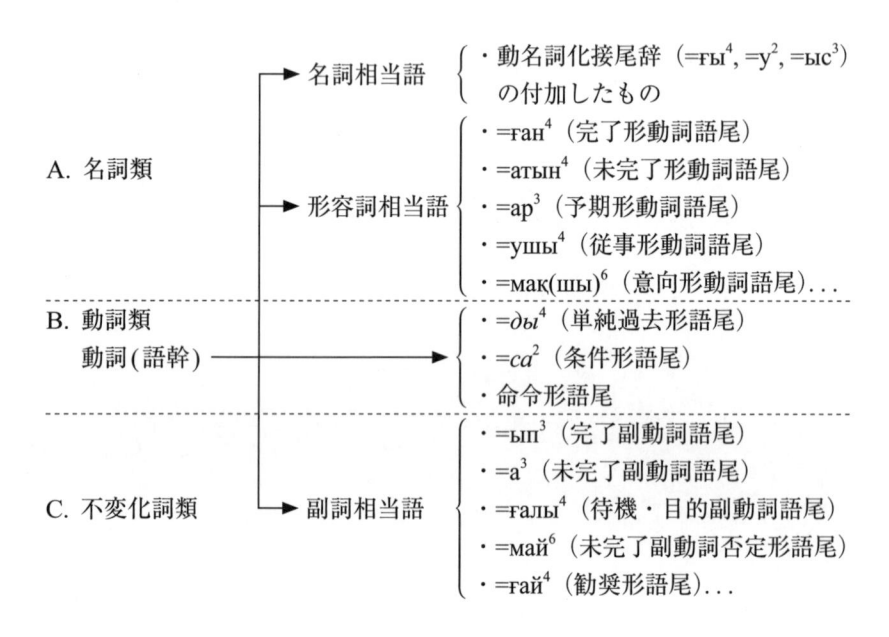

A. 名詞類
- → 名詞相当語
  - ・動名詞化接尾辞（=ғы$^4$, =у$^2$, =ыс$^3$）の付加したもの
- → 形容詞相当語
  - ・=ған$^4$（完了形動詞語尾）
  - ・=атын$^4$（未完了形動詞語尾）
  - ・=ар$^3$（予期形動詞語尾）
  - ・=ушы$^4$（従事形動詞語尾）
  - ・=мақ(шы)$^6$（意向形動詞語尾）...

B. 動詞類
　動詞(語幹) →
- ・=ды$^4$（単純過去形語尾）
- ・=са$^2$（条件形語尾）
- ・命令形語尾

C. 不変化詞類
- → 副詞相当語
  - ・=ып$^3$（完了副動詞語尾）
  - ・=а$^3$（未完了副動詞語尾）
  - ・=ғалы$^4$（待機・目的副動詞語尾）
  - ・=май$^6$（未完了副動詞否定形語尾）
  - ・=ғай$^4$（勧奨形語尾）...

　本書では，動詞類とは，狭義にはBに属するもののみを，広義には，本来名詞形である=у$^2$形を動詞の不定形と認めた上で，動詞語根の意味・機能が積極的に生きている語形（特にAの形動詞語尾とCの副動詞語尾等の付加したもの）を動詞(類)と呼ぶこととします．

第4部　動詞類

## 1. 不定形と動詞語幹

　カザフ語動詞の不定形（基本形）は，=y² (=y / =ю) で終わる形で表されます（この形は本来《…すること》を意味する(動)名詞です）．従って，動詞語幹は多くの場合，=y² を取り除いたものになります．ただ若干，語幹の母音 ы/i が隠れているもの（ы²語幹動詞）もあり，注意が必要です．
　以下のような場合があります．

① =y動詞　　　　　　　不定形　　　　　　　　動詞語幹
　　1. 通常の場合
　　　母音語幹　　　：қарау　　見る　　　→　қара=
　　　子音語幹　　　：бару　　行く　　　→　бар=
　　2. ы²語幹動詞　：оқу　　読む　　　→　оқы=
② =ю動詞
　　1. 通常の場合
　　　й語幹　　　　：қараю　黒くなる　→　қарай=
　　2. ы²語幹動詞　：баю　　富む　　　→　байы=

　なお，-ғу / -гу 及び -бу に終わる通常の動詞は，y を取り除くと，語幹は -қ= / -к=, -п= となります．
　　ұғу　　　理解する　→　ұқ=
　　егу　　　植える　　→　ек=
　　табу　　 得る　　　→　тап=
　また，少数ながら，y を取り除くと音節が変わるものもあります．
　　қорқу　　恐がる　　→　қорық=
　　ұрсу　　 叱る　　　→　ұрыс=

**動詞語幹の種類**
　ここでは，相や態の接尾辞が付いていない動詞語幹について述べます．これは以下のように，主に3つに分類できます．
① 語根動詞
　語幹がこれ以上他の構成成分に分析できない，語根のみからなる種類の動

詞です．

ал= 取る，бер= 与える，де= 言う，ет= する，же= 食べる，жу= 洗う，кет= 去る，қал= 残る，оқы= 読む，өл= 死ぬ，сұра= 尋ねる，тап= 見つける，ту= 生む，іш= 飲む，など．

② 派生動詞

語幹が，動詞を形成する接尾辞からなるため，更に他の成分に分析できる種類の動詞です．

атқар= (← ат 馬 + +қар=)　　遂行する
байы= (← бай 豊かな + +ы=)　富む
бірік= (← бір 1+ +ік=)　　　1つになる
кеңей= (← кең 広い + +ей=)　広くなる
ойла= (← ой 考え + +ла=)　　考える，など．

③ 縮合動詞

語幹に元の動詞を持ち，2つの語が縮合して出来た動詞です．

(1) 〔動詞+動詞〕

апар= (← алып бар=)　持って行く
әкел= (← алып кел=)　持って来る
әкет= (← алып кет=)　持ち去る
әпер= (← алып бер=)　持って来て与える

(2) 〔代名詞類+ет=する〕

бүйт= (← бұлай ет=)　こうする
қайт= (← қалай ет=)　どうする
нет=　(← не ет=)　　何をする
сөйт= (← солай ет=)　そうする
үйт= (← олай ет=)　　そうする

＊一定の語と動詞の（慣用的な）組み合わせを複合動詞と呼びます．

бой берме=　　(← бой 体 + берме= 与えない)　服さない
жақсы көр=　　(← жақсы 良く + көр= 見る)　　好く
жоққа шығар= (← жоққа 無に + шығар= 出す)　否認する
тамақ іш=　　 (← тамақ 食事 + іш= 飲む)　　 食事する，など．

第4部　動詞類

　日本語の複合動詞は，〔名詞＋する〕の形式が多く用いられますが，カザフ語では，ету《する》や жасау《作る》, істеу《行う》といった動詞がよく用いられます．

　　жоспар жаса=　（← жопар 計画 + жаса= 作る）　計画を立てる
　　қызмет ет=　　（← қызмет 勤務 + ет= する）　　勤務する
　　тамақ істе=　　（← тамақ 食事 + істе=)　　　　料理を作る，など．

カザフ語文法読本

## 2. 動詞の否定形（=ма⁶=）

　動詞の否定形は，動詞の最終語幹の末尾に接尾辞=ма⁶=《…しない》を付けて作られます．日本語では動詞を否定形にすると，「ない」を付けるため形容詞に転化しますが，カザフ語の場合，=ма⁶=を付けても動詞のままです．

| =ма= / =ме= | 母音と й, у, л, р の後 |
|---|---|
| =ба= / =бе= | з, м, н, ң の後 |
| =па= / =пе= | 無声子音の後 |

**動詞の否定形付加例**

| ауыр= | 痛む | — ауырма= | 痛まない |
|---|---|---|---|
| есті= (есту) | 聞く | — естіме= | 聞かない |
| құй= (құю) | 注ぐ | — құйма= | 注がない |
| жаз= | 書く | — жазба= | 書かない |
| сен= | 信じる | — сенбе= | 信じない |
| кес= | 切る | — кеспе= | 切らない |
| ұш= | 飛ぶ | — ұшпа= | 飛ばない |

　この否定接尾辞=ма⁶=は，以下で学ぶ相や態の接尾辞同様に，見かけは新しい動詞語幹を形成していますが，常にそれらよりも後に付加されます．
　істе= する — істеме= しない — істетпе= させない；使わない — істеткізбе= 使わせない

　なお，カザフ語辞書の見出しには，習慣的に否定の形で多く用いられる動詞は，=ма⁶=が付いたまま掲載されているものがあります．аума=《そっくりである》，бұлжыма=《動かない》，мойыма=《困難に屈しない》，мызғыма=《動じない》，үндеме=《黙りこくる》などです．これらには，例えば通常肯定形の動詞に付く=р（予期形動詞語尾）は付かず，=сが付く（つまり，予期形動詞語尾の否定形=мас⁶を構成する）といった違いがありますので，注意が必要です．

【問28】次の動詞語幹に否定接尾辞（=ма⁶=）を付加して，意味を言いなさい．

1) азай= (азаю)　減る
2) бірік= (бірігу)　1つになる
3) epi= (еру)　融ける
4) көбей= (көбею)　増える
5) кеп= (кебу)　乾く
6) көм= (көму)　埋める
7) оқы= (оқу)　読む
8) сің= (сіңу)　しみ込む
9) той= (тою)　満腹する
10) ұқ= (ұғу)　理解する

## 3. 相の接尾辞

　動詞が示す動作の過程を，どのような視点で捉えるのかを表す文法範疇が相（アスペクト）です．カザフ語のアスペクトは多くの場合，〔副動詞+(補)助動詞〕で表されますが，若干動詞から動詞を派生する接尾辞によっても表現されます．

① =ғыла²= (=ғыла= / =гіле=, =қыла= / =кіле=)：《何度も…する》，《…しまくる》
　　激しく，力のこもった動作の反復を表す．
　　ат= 撃つ，射る ― атқыла= 撃ちまくる，何度も射る
　　кер= 引き延ばす ― кергіле= 引き延ばしまくる
　　соз= 伸ばす　　 ― созғыла= 伸ばしまくる

② =ла²= (=ла= / =ле=)：《何度も…する》
　　動作の多回性を表す．
　　иіске= においをかぐ ― иіскеле= 何度もにおいをかぐ
　　қарғы= 跳ぶ　　　　 ― қарғыла= 何度も跳びはねる
　　сипа= なでる　　　　 ― сипала= 何度もなでる

③ =ыңқыра⁴= (=ыңқыра= / =іңкіре=, =ңқыра= / =ңкіре=)：《もう少し…する》
　　動作のもう少しの継続や追加，弱化などを表す（この接尾辞の付いた形は，辞書の見出しにないことが多いですが，相当自由に接尾できます）．
　　абайла= 用心する ― абайлаңқыра= 　もう少し用心する
　　бер= 　　 与える　 ― беріңкіре= 　　 もう少し与える
　　жақындат= 近づける ― жақындатыңқыра= もう少し近づける

【問29】次の動詞に，=ыңқыра⁴=を正しく付けて訳しなさい．
1) болу　なる
2) дауыстау　声を出す
3) жүру　進む
4) қорқу (қорық=)　恐れる
5) шығу (шық=)　出る

## 4. 態の接尾辞

カザフ語の態（ヴォイス）は，能動態の他，4種類（使動態，受動態，再帰態，相動態）が接尾辞によって区別されます．能動態は《…は…する》意で，態の接尾辞はありません．

以下では，(1)使動態，(2)受動態，(3)再帰態，(4)相動態を概観します．

### (1) 使動態

使動態とは，いわゆる使役形のことです．基本的には《(他者に)…させる》の意を表します．ただ，この形式の表現域は広いので，日本語では，視点や立場，文体などによっては，《…してもらう》とか，《…される》といった訳がしっくりする場合もあります．使い方は，使動態を使ったカザフ語文を多く読みこなして慣れて下さい．

使動態の形成には主に，以下4種類の接尾辞が用いられます．

① =дыр$^4$=（=дыр= / =дір=, =тыр= / =тір=）

 арт=　　　　　増える　— арттыр=　増やす
 кезік= (кезігу)　会う　— кезіктір=　会わせる；目にする
 қал=　　　　　残る　— қалдыр=　残す
 жақ= (жағу)　気に入る　— жақтыр=　気に入らせる；好む
 тап= (табу)　得る　— таптыр=　得らせる；得られる

 ＊л終り語幹では以下の3語のみ =тыр= / =тір= を取ります．

 кел=　来る　— келтір=　来させる，もたらす
 өл=　死ぬ　— өлтір=　死なせる，殺す
 тол=　満ちる　— толтыр=　満たす

② =ғыз$^4$=（=ғыз= / =гіз= , =қыз= / =кіз=）

 жат=　横たわる　— жатқыз=　横たわらせる
 же=　食べる　— жегіз=　食べさせる；喰われる
 отыр=　座る　— отырғыз=　座らせる
 іш=　飲む　— ішкіз=　飲ませる

 ＊少数の語で =ыз$^2$=（=ыз= / =із=）も見られます．

 ақ=　流れる　— ағыз=　流す
 там=　滴る　— тамыз=　滴らせる

③ =т=

主に母音, й, л, р に終わる2音節の動詞語幹に付加されます.

| азай= | 減る | — азайт= | 減らせる |
| ер= | ついて行く | — ерт= | ついて来させる |
| оқы= | 学ぶ | — оқыт= | 学ばせる；教える |
| жоғал= | 無くなる | — жоғалт= | 無くす, 失う |

＊少数の語で=ыт$^2$=（=ыт= / =іт=）も見られます.

| ақ= | 流れる | — ағыт= | 流す |
| қорық= (қорқу) | 恐れる | — қорқыт= | 恐れさせる |

④ =ар$^4$=（=ар= / =ер= , =ыр= / =ір=）

主に с, ш, т に終わる動詞語幹に付加されます.

| бат= | 沈む | — батыр= | 沈める |
| қайт= | 帰る | — қайтар= | 帰す；返す, 戻す |
| піс= | 熟す, 煮える | — пісір= | 熟させる, 煮る |
| шөк= | (ラクダが)ひざまづく | — шөгер= | (ラクダを)ひざまづかせる |

　これらの使動態接尾辞は, 歴史的・慣用的に決まったものがある一方（оқы= 学ぶ → оқыт= 学ばせる；*оқыдыр= ~ *оқығыз= は不可), 他の使動態接尾辞と交替可能の場合もあります (жаз= 書く → жаздыр= ~ жазғыз= 書かせる). また, 使動態接尾辞は複数付加されることもあります (өт= 過ぎる → өткіз= 過ごす → өткіздір= 過ごさせる).

**(2) 受動態**

　受動態とは, いわゆる受身形です. 基本的には《(他者に)…される》意を表します. 動詞語幹に =ыл$^3$=（またはその異音形 =ын$^3$=）を付加して作られます.

① =ыл$^3$=（=ыл= / =іл= / =л=）

母音と, -л= / -ла= / -ле= 語幹以外の後（つまり л が重複しないように）に付加されます.

| аш= | ひらく | — ашыл= | ひらかれる |
| бер= | 与える | — беріл= | 与えられる |
| жаз= | 書く | — жазыл= | 書かれる |

② =ын³= (=ын= / =iн= / =н=)

通常 -л= / -ла= / -ле= の後に付加されます．

| ал= | 取る | — алын= | 取られる |
| --- | --- | --- | --- |
| даярла= | 準備する | — даярлан= | 準備される |
| iл= | 掛ける | — iлiн= | 掛かる，吊るされる |

なお，この受動態の接尾辞は，単に自動詞を派生させるのに使われる場合もあります．

| естi= | 聞く | — естiл= | 聞こえる |
| --- | --- | --- | --- |
| жина= | 集める | — жинал= | 集まる |
| көтер= | 上げる | — көтерiл= | 上がる |
| тоқта= | 止まる | — тоқтал= | 止む |

### (3) 再帰態

再帰態は，再帰形とも言い，《(ある動作を) 自分自身に対して行う》，《おのずと…する》の意を表します．動詞語幹に =ын³= (=ын= / =iн= / =н=) を付加して作られます．

| жу= | 洗う | — жуын= | 自分を洗う，入浴する |
| --- | --- | --- | --- |
| ки= | 着る | — киiн= | 自ら着る |
| көр= | 見る | — көрiн= | おのずと見える |
| күт= | 世話する | — күтiн= | 養生する |
| сүрт= | 拭く | — сүртiн= | 自らの体を拭く |
| тара= | 櫛でとく | — таран= | 自分の髪を櫛でとく |
| шек= | 引く | — шегiн= | 退く |
| шеш= | ほどく，脱ぐ | — шешiн= | 自ら脱ぐ |

名詞類から動詞を派生する +ла⁶=《…する》の再帰態 +лан⁶= (自動詞) は，《…化する》(自動詞) といった意味でも使われます．

| автомат | 自動 | — автоматтан= | 自動化する |
| --- | --- | --- | --- |
| жасыл | 緑 | — жасылдан= | 緑化する |
| машина | 機械 | — машиналан= | 機械化する |

また，再帰態接尾辞は，若干の心的動作を表す語にも付加され，再帰態の付かない対を持たない語もあります (қуан=《喜ぶ》，қызған=《ねたむ；け

ちる》, сағын=《想い偲ぶ》など).

なお，再帰態の=ын³=は，時として受動態の=ын³=と区別しにくいこともあります．その場合は文脈等により判断します（тазала=《清掃する》— тазалан=《(1) 身を清める．(2) 清掃される》など).

### (4) 相動態

相動態は，相互形とも言い，基本的には《相互に[相対して]…する》，《皆が…し合う》の意を表します．動詞語幹に=ыс³（=ыс= / =іс= / =с=）を付加して作られます．

| ал= | 取る | — алыс= | 取り合う |
| кел= | 来る | — келіс= | 皆来る；同意する |
| күл= | 笑う | — күліс= | 笑い合う |
| соқ= | たたく | — соғыс= | 戦う |
| сөйле= | 話す | — сөйлес= | 会話する |
| таны= | 認識する | — таныс= | 知り合う |

態の接尾辞は，必要に応じて複合的にも用いられます．киіндір=（再+使）《自分で服を着させる》，делін=（受+再）《…と言われる》，пісірт=（使+使）《(他人に)煮させる》，сөйлестіріл=（相+使+受）《会話させられる》など．

【問30】次の文を，態の接尾辞に注意して訳しなさい．なお，態の接尾辞の後に付いた=ды / =ді, =ты / =ті は，《(彼(ら)は)…した》を表す．

1) Ол бізге өлең айтқызды.
2) Дүкен қашан ашылды?
3) Ол Қаракөл маңында жерленді.
4) Ол шөптің арасында жасырынды.
5) Түгел дерлік келісті.

第4部　動詞類

## 5. 単純過去形と条件形

単純過去形は「…した」（終止形），条件形は「…すれば」（連用形）を表す形式です．この2つの形式は，動詞人称接尾辞を用いるという特徴を共有しています．

### 動詞人称接尾辞

動詞人称接尾辞は，以下で習う単純過去形（=$dy^4$）と条件形（=$ca^2$）にのみ付加され，人称を表示する接尾辞です（なお，単純過去形と条件形を，ブロック体で=ды⁴と=са²とせずに，イタリック体で=$dy^4$と=$ca^2$としたのは，これらの接尾辞の後に，以下の動詞人称接尾辞が付くことを表しています）．母音調和に従って，それぞれ下表の形式が付加されます．

動詞人称接尾辞：

| 人称 | 数 | 単数 | 複数 |
|---|---|---|---|
| 一人称 | | =м | =қ / =к |
| 二人称 | 親称 | =ң | =ңдар / =ңдер |
| 二人称 | 敬称 | =ңыз / =ңіз | =ңыздар / =ңіздер |
| 三人称 | | — | |

カザフ語の動詞人称接尾辞は，三人称複数形には，複数表示の要求はありません．この点は，名詞類の人称所有接尾辞と平行した捉え方をしています（トルコ語（=lar / =ler）やウズベク語（=lar）では，三人称にも単複の区別があります）．

### (1) 単純過去形（=$dy^4$）

カザフ語動詞の単純過去形は，動詞語幹に〔=ды⁴（=ды / =ді, =ты / =ті）+=動詞人称接尾辞〕《（主語が）…した》を付けて表され，終止形をなします（=ды / =діは，動詞語幹が母音か有声子音の時，=ты / =тіは無声子音の際に付加）．

単純過去形に動詞人称接尾辞を付けた各人称形は，下表の通りです．

カザフ語文法読本

## 単純過去形：=ды⁴

| 人称 \ 数 | | 単数 | 複数 |
|---|---|---|---|
| 一人称 | | =дым / =дім,<br>=тым / =тім | =дық / =дік,<br>=тық / =тік |
| 二人称 | 親称 | =дың / =дің,<br>=тың / =тің | =дыңдар / =діңдер,<br>=тыңдар / =тіңдер |
| | 敬称 | =дыңыз / =діңіз,<br>=тыңыз / =тіңіз | =дыңыздар / =діңіздер,<br>=тыңыздар / =тіңіздер |
| 三人称 | | =ды / =ді, =ты / =ті | |

## =ды⁴の付加例

| жаз=(жазу) 書く | | құй=(құю) 注ぐ | |
|---|---|---|---|
| жаздым | 私は書いた | құйдым | 私は注いだ |
| жаздың | 君は 〃 | құйдың | 君は 〃 |
| жаздыңыз | あなたは 〃 | құйдыңыз | あなたは 〃 |
| жазды | 彼(女)は 〃 | құйды | 彼(女)は 〃 |
| жаздық | 私たちは 〃 | құйдық | 私たちは 〃 |
| жаздыңдар | 君たちは 〃 | құйдыңдар | 君たちは 〃 |
| жаздыңыздар | あなた方は 〃 | құйдыңыздар | あなた方は 〃 |
| жазды | 彼らは 〃 | құйды | 彼らは 〃 |

| баста=(бастау) 始める | | оқы=(оқу) 読む | |
|---|---|---|---|
| бастадым | 私は始めた | оқыдым | 私は読んだ |
| бастадың | 君は 〃 | оқыдың | 君は 〃 |
| бастадыңыз | あなたは 〃 | оқыдыңыз | あなたは 〃 |
| бастады | 彼(女)は 〃 | оқыды | 彼(女)は 〃 |
| бастадық | 私たちは 〃 | оқыдық | 私たちは 〃 |
| бастадыңдар | 君たちは 〃 | оқыдыңдар | 君たちは 〃 |
| бастадыңыздар | あなた方は 〃 | оқыдыңыздар | あなた方は 〃 |
| бастады | 彼らは 〃 | оқыды | 彼らは 〃 |

第4部　動詞類

| кес=（кесу）切る | | кеспе=（кеспеу）切らない | |
|---|---|---|---|
| кестім | 私は切った | кеспедім | 私は切らなかった |
| кестің | 君は 〃 | кеспедің | 君は 〃 |
| кестіңіз | あなたは 〃 | кеспедіңіз | あなたは 〃 |
| кесті | 彼(女)は 〃 | кеспеді | 彼(女)は 〃 |
| кестік | 私たちは 〃 | кеспедік | 私たちは 〃 |
| кестіңдер | 君たちは 〃 | кеспедіңдер | 君たちは 〃 |
| кестіңіздер | あなた方は 〃 | кеспедіңіздер | あなた方は 〃 |
| кесті | 彼らは 〃 | кеспеді | 彼らは 〃 |

**=ды⁴の用法**

① 単純過去形は基本的に，単なる過去時制を表し，文の終止形をなす．
　　Мен қызық кітап оқыдым．　私は面白い本を読みました．
　　Ол да, мен де шаршадық．　彼も私も（私たちは）疲れました．

② 時に確定近未来を表す．
　　Біз кеттік．（では）私たちは行きます．
　　Енді өлдім ғой．これで私は死ぬのだな．

【問31】次の動詞を，それぞれで指定した人称の単純過去形にして，訳しなさい．

1) айту　言う　　　　　　（三人称）
2) есту (есті=)　聞く　　（二人称・親称・単数）
3) жазу　書く　　　　　　（二人称・敬称・単数）
4) үйрену　学ぶ　　　　　（一人称・複数）
5) шығу (шық=)　出る　　（二人称・敬称・複数）
6) оқу (оқы=)　読む　　　（一人称・単数）
7) кесу　切る　　　　　　（二人称・親称・複数）
8) тою (той=)　満腹する　（一人称・複数）
9) сенбеу　信じない　　　（一人称・単数）
10) бармау　行かない　　　（二人称・敬称・複数）

## (2) 条件形（=$ca^2$）

カザフ語動詞の条件形は，動詞語幹に〔=$ca^2$（=ca / =ce）+=動詞人称接尾辞〕《…すれば》を付加することによって表されます．

条件形：（=$ca^2$）

| 人称＼数 | 単数 | 複数 |
|---|---|---|
| 一人称 | =сам / =сем | =сақ / =сек |
| 二人称 親称 | =саң / =сең | =саңдар / =сеңдер |
| 二人称 敬称 | =саңыз / =сеңіз | =саңыздар / =сеңіздер |
| 三人称 | =са / =се | =са / =се |

### =$ca^2$の付加例

| жаз=（жазу）書く | | жазба=（жазбау）書かない | |
|---|---|---|---|
| жазсам | 私が書けば | жазбасам | 私が書かなければ |
| жазсаң | 君が 〃 | жазбасаң | 君が 〃 |
| жазсаңыз | あなたが 〃 | жазбасаңыз | あなたが 〃 |
| жазса | 彼が 〃 | жазбаса | 彼が 〃 |
| жазсақ | 私たちが 〃 | жазбасақ | 私たちが 〃 |
| жазсаңдар | 君たちが 〃 | жазбасаңдар | 君たちが 〃 |
| жазсаңыздар | あなた方が 〃 | жазбасаңыздар | あなた方が 〃 |
| жазса | 彼らが 〃 | жазбаса | 彼らが 〃 |

### =$ca^2$の用法

条件形は，基本的には《…すれば》を意味し，条件を表示します．ただ，若干いくつか決まった組み合わせで特殊な用法も発達しています．以下，それらを確認します．

① 〔=$ca^2$〕

(1) 条件を表す：《…すれば》

　　Ақырын сөйлесеңіз бола ма?

　　　　　　　　　　　　　　　　　　　　第4部　動詞類

　　　ゆっくり話して頂いてもいいですか？
　(2) 時を表す：《…すると》，《…してみれば》
　　　Біз келсек, ойын басталмаған екен.
　　　私たちが来てみると，催しはまだ始まっていませんでした．
　(3) 同類の事柄や共存する事柄の並列を表す：《(あるものは)…であるが(またあるものは…)》
　　　Партаның астына кітап ашып қойып, бір көзі мұғалімде болса, бір көзімен соны сығалап тұрмақшы ғой.
　　　彼は学習机の下に本を開いて置いて，一方の目は先生に向け，もう一方の目でそれを覗き見るつもりだよ．
　(4) 文末で，話し手の希望を表す：《…すれば良いな》
　　　Қайсы тамақ тез болса, соны әкелсеңіз.
　　　どれでもはやくできた料理から持って来て下さい．
② 〔$=ca^2$ екен〕《…であったら良いなぁ》
　　話し手の希望や願望，理想を表す．
　　Бұл сабақтастар осы кемшіліктерін түзетсе екен.
　　こういったクラスメートたちは，この欠点を直してもらえたらなぁ，と思います．
③ 〔$=$сам$^2$ деймін〕《私は…したいなと思います》(деймін は《…と私は言う[思う]》の意)
　　第一人称の希望を，控え目に相手に伝える．
　　Алып кетіп оқысам деймін.
　　私は持って行って読みたいと思います．
④ 〔$=ca^2$шы$^2$〕（+шы$^2$ は催促助詞）
　(1) 話し手の希望や後悔などを強調的に表す：《…であったらなあ！》
　　　Асықпасаңшы!君はせくなよ！
　　＊二人称単数・親称（=саңшы / =сеңші）には，=сайшы / =сейші という形も用いられます（方言的）．
　(2) 話し手の抱く仮定的な状況を，聞き手に強く問い掛ける：《もし…であった場合はどうですか？》
　　　Егер оны біреу байқап қазып алсашы?

— 73 —

　　　　　　もしそれを，誰かが気付いて掘り出して取った場合は，どうですか？
⑤ 〔=$ca^2$ да$^4$〕《…する[した]としても》(да$^4$は強調助詞)
　　譲歩を表す．
　　Кешірек келсеңіз де болар．
　　　あなたは遅めに来てもよいでしょう．
⑥ 〔=$ca^2$ керек〕《…かも知れない》，《…だろう》
　　話し手の推測を表す．
　　Ол бірер адам тауып, соған бастатып келген <u>болса керек</u>．
　　　彼は誰かを見つけ，その人に案内させて来たのでしょう．
⑦ 〔=$ca^2$ етті〕《…すれば良いのですが》，《…すれば良いのに》(етті は，ет=《する》の三人称単純過去形)
　　話し手の希望を表す．
　　Мен де <u>барсам етті</u>．　私も行きたいなあ．
　＊この意味では他に，《良い》を意味する жақсы や игі を使った，〔=$ca^2$ жақсы болар еді〕，〔=$ca^2$ игі еді〕《…すれば良いのですが》という形式も用いられます．

【問32】次の各文の動詞語幹に，それぞれの人称に適した条件形を付けて，訳しなさい．なお，қайтеді? は，《どうしますか？》，《どうですか？》の意を表す．
　1）　Мен айт=＿＿＿ қайтеді?
　2）　Біз үйрен=＿＿＿ қайтеді?
　3）　Сіздер шық=＿＿＿ қайтеді?
　4）　Олар естіме=＿＿＿ қайтеді?
　5）　Өзіңіз үйренбе=＿＿＿ қайтеді?

第4部　動詞類

## 6. e𝛿i

e𝛿iは，動詞類に属する唯一の付属語です．形式的には不完全動詞 e=《…である》（一部の活用形しか使われない動詞）の単純過去形で，基本的には《…であった》の意味を，人称に応じて表します．e𝛿iはアクセントを取りません．

e𝛿iの人称変化は，下表の通りです．

e𝛿iの人称変化：

| 人称＼数 | | 単数 | 複数 |
|---|---|---|---|
| 一人称 | | едім | едік |
| 二人称 | 親称 | едің | едіңдер |
| | 敬称 | едіңіз | едіңіздер |
| 三人称 | | еді | |

＊時に，едімはем，едікはек，едіңはең，еді は -ді[4] (-ді / -ды, -ты / -ті) という，短縮した形でも綴られます．

### e𝛿iの用法

e𝛿iは，その語構成通り過去時制《…だった》を表します．その他，以下のように断定や謙虚さなどのニュアンスを表すのに使われます．

① 過去を表す：《…だった》

　Сағат түнгі он бір еді.　時間は晩の11時でした．

② 控え目な語気を表す：《…なんですが》

　Бір билет керек еді.　一枚チケットが欲しいんですが．

③ 断定を表す：《…だ》

　Недеген өнегелі, жақсы бала едің!
　　君は何という模範的な，良い子なんだ！

なお，疑問助詞（ма[6]）は，e𝛿iに先行します（通常の動詞は，=𝛿ы[4]（単純過去形）の後にма[6]が来ます）．

　Ол жоқ па еді?　彼はいませんでしたか？

— 75 —

【問33】次の各文のeдіを，主語に合わせて人称変化させなさい．
1) Мен еді＿＿＿．
2) Сіз еді＿＿＿．
3) Сіздер еді＿＿＿．
4) Сен еді＿＿＿．
5) Ол еді＿＿＿．
6) Біз еді＿＿＿．
7) Олар еді＿＿＿．
8) Сендер еді＿＿＿．
9) Өзім еді＿＿＿．
10) Өзің еді＿＿＿．

## 7. 命令形

命令形は，人称と数に応じて，下表のような接尾辞を付けて作ります．命令形の表す意味は，一人称では《…しよう》，《…しましょう》などの意向や勧誘を，二人称では《…せよ》，《…して下さい》などの命令や要望を表します．また，三人称では《…するにまかせよ》，《…しますように》などの放任や祈願を表します．否定の=ма$^6$=《…しない》が付いた形でも，同様に活用します．なお，命令形の接尾辞の最終音節には，通常アクセントは移りません（命令形接尾辞に催促助詞（+шы$^2$）が続けば，+шы$^2$の前には移ります）．

命令形語尾：

| 人称 / 数 | | 単数 | 複数 |
|---|---|---|---|
| 一人称 | | =(a)йын / =(e)йін | =(a)йық / =(e)йік |
| 二人称 | 親称 | 動詞語幹に同じ | =(ы)ңдар / =(i)ңдер |
| | 敬称 | =(ы)ңыз / =(i)ңiз | =(ы)ңыздар / =(i)ңiздер |
| 三人称 | | =сын / =сiн | |

＊(a), (e), (ы), (i)は，子音語幹動詞に接合する際に，母音調和に従って用いられます．

口語において，一人称複数命令形には，=алық$^4$（=алық / =елік, =лық / =лік）《私たちは…しましょう》という形も用いられます．

Кәне, танысалық．　さあ，お知り合いになりましょう．

## 命令形の活用例

| жаз= (жазу) 書く | | жазба= (жазбау) 書かない | |
|---|---|---|---|
| жазайын | 私は書こう | жазбайын | 私は書かないでおこう |
| жаз | 君は書け | жазба | 君は書くな |
| жазыңыз | あなたは書いて下さい | жазбаңыз | あなたは書かないで下さい |
| жазсын | 彼(女)は書くよう | жазбасын | 彼(女)は書かないよう |
| жазайық | 私たちは書きましょう | жазбайық | 私たちは書かないでおこう |
| жазыңдар | 君たちは書いて下さい | жазбаңдар | 君たちは書かないで下さい |
| жазыңыздар | あなた方は書いて下さい | жазбаңыздар | あなた方は書かないで下さい |
| жазсын | 彼らは書くよう | жазбасын | 彼らは書かないよう |

## 命令形の表す意味

① 一人称命令形
　(1) 話し手の意向や勧誘などを表す：《…しよう(よ)》
　　　Сізге қанша нан әкелейін?
　　　私はあなたにいくつナンを持って来ましょうか？
　(2) 〔=айын⁴+де=〕；行為者の意向や趨向を表す（行為者は有生物・無生物を問わない）：《…しようとする》
　　　Мен Тұрсынмен сөйлесейін деп едім.
　　　私はトゥルスンと話したいんですが.
　　　Күн батайын деп қалды.　日が沈もうとしています.
② 二人称命令形
　　聞き手に対する，話し手の命令や要望を表す：《…しなさい》，《…して下さい》
　　　Ана кісіден сұрап көр!　君はあの人に尋ねてみなさい！
　　　Дем алыңыз.　あなたは休憩して下さい.
③ 三人称命令形
　(1) 主文末用法
　　1) 文末で，話し手の三人称に対する命令や願望，放任，祈願，決議・任免事項などを表す：《…するにまかせよ》，《…するように》
　　　Кітапханадан кітаптар алып қайтуға Самат барсын.

— 77 —

図書館から本を持ち帰るのはサマトが行くように（〜サマトに行かせろ）.

2) 〔疑問詞 +=сын²〕

反語を表す:《…するものか》

Кім білсін！ 誰が知っていようか！（私は知らない[知るもんか]）

3) 〔=сын²+де=〕

三人称に対する配慮を表す:《…するようにと配慮[意図]する》

Қыздарым мені жақсы көріп, әкем жесін деген шығар.

私の娘たちは私が好きで「私のお父さんが食べるように」と気遣ったのでしょう.

(2) 従属文末用法

1) 〔(мейлі) … бол(ма)сын〕:《(たとえ) …であれ》

条件の如何を問わず, 結論[結果]は同じであるという内容を表す.

Досым болсын, қасым болсын, бейбіт қатар өмір сүруге тырысамын.

私は友であれ敵であれ, 平和共生するよう努めます.

2) 〔…(былай) тұрсын〕:《…のみならず》,《…どころか》

際立った事例を持ち出した上で, 更に一層推し進める際に用いる.（主格支配の後置詞的）

Бір болмауы былай тұрсын, тіпті оған қарама-қарсы сипатта деуге болады.

同一でないどころか, 実にそれと正反対の性質関係にあるとさえ言えます.

【問34】次の文を, 命令形に注意して訳しなさい.

1) Мен сізге қанша төлейін?
2) Жүріңдер, енді күтпейік!
3) Қайтып кетсін!
4) Маған бұрыш беріңізші.
5) Онда жүрелік.

## 8. 勧奨形（=ғай[4]）

　勧奨形は，話し手の聞き手に対する願望（勧誘や奨励）を表します．文末で動詞語幹に=ғай[4]（=ғай / =гей, =қай / =кей)《…して欲しい》《…されたい》を付けて表します．全ての人称に用いられるとされますが，一般には二人称へ向けて使われることが多いです（と言っても，頻度は概して低いです）．人称は，非過去の場合は人称助詞（名詞類・不変化詞類の）を，過去の場合は e∂i を人称活用させます．

　　Мынау керекті нәрсе, жақсы сақта<u>ғай</u>сың.
　　　これは必要な物だから，君はしっかり保存されたい.
　　Ұмытпа<u>ғай</u>сыздар. 　皆様お忘れになりませんよう.

## 9. 副動詞
カザフ語で副動詞とされるものは，次の3つです．
(1) =ып³ (=ып / =іп, =п) 完了副動詞
(2) =а³ (=а / =е, =й) 未完了副動詞
(3) =ғалы⁴ (=ғалы / =гелі, =қалы / =келі) 待機・目的副動詞

　副動詞とは，「動詞由来の副詞」を意味する用語で，日本語動詞の連用形に相当するものです．言い換えれば，(1)〜(3)の付加したその形自体は，副詞相当語で，不変化詞類と言えます（動詞本来の特性は，その語幹部までが担います）．よって，文中での連用形用法では，他の副詞同様，人称表示は取りません．
　なお，(1)(2)は共に，文末において人称助詞を伴い，述語として終止形をなす用法があります．

### (1) 完了副動詞（=ып³）
　完了副動詞=ып³（=ып / =іп, =п）は，完了（「…してしまう」）の意味を持った動詞由来の副詞（「…して」）です．母音調和と動詞語幹の条件に従って，=ып / =іп は子音語幹に，=п は母音語幹に付加されます．
　その際，以下のような若干の動詞語幹の子音は，音が変わります．
　　a) 語幹が қ / к に終わる動詞は，それぞれ =ып / =іп の接続で қ が ғ に，к が г になります．
　　　ақ= (ағу) 流れる　→ ағып 流れて
　　　ек= (егу) 植える　→ егіп 植えて
　　b) 語幹が п に終わる動詞は，=ып / =іп の接続で п が у になります．
　　　жабу (жап=) 覆う　→ жауып 覆って

　また，以下のような若干の動詞（語幹に л を持つ一音節のもの）の完了副動詞形は，口語音を反映させた文体では，よく短縮形で書かれることがあります．

第4部　動詞類

|   | 動詞 | 完了副動詞形 | |
|---|---|---|---|
|   |   | 通常形 | 短縮形 |
| 1 | алу 取る | алып | ап |
| 2 | әкелу 持って来る | әкеліп | әкеп |
| 3 | болу …になる | болып | боп |
| 4 | келу 来る | келіп | кеп |
| 5 | қалу 残る | қалып | қап |
| 6 | қылу …する | қылып | қып[注] |
| 7 | салу 放つ | салып | сап |

注）қылуの短縮形қыпには，疑問代名詞не《何》と結合したнеғып（～нағып）《何をして》という綴りもあります．

(イ) =ып³の文中用法

文中で=ып³は，連用形として《…して》の意味で使われます．

　　Мектепке барып келдім．　私は学校に行ってきました．

同じ動詞を2回繰り返して用いると，その行為が複数回行われたことなどを表します（その際はハイフンでつなげます）．

　　Ол баласын сүйіп-сүйіп алды．
　　　彼は子供に何度もほおずりしました．

なお，完了副動詞の否定形は=маn⁶ですが，この形は文末用法しか持ちません．文中で《…せずに》の意味では=май⁶（未完了副動詞の否定形）が使われます．

(ロ) =ып³の文末用法

完了副動詞は，文末述語として，以下の形式で用いられます．
① 〔=ып³+人称助詞〕；発見過去：《（実は）…した》
② 〔=ып³+еді〕；暫定過去：《（とりあえず）…した》

① 〔=ып³+人称助詞〕

=ып³に付く人称助詞は，下表のようになります（なお，人称助詞には，アクセントは移りません）．

カザフ語文法読本

完了副動詞人称助詞：

| 人称＼数 | | 単数 | 複数 |
|---|---|---|---|
| 一人称 | | +пын / +пін | +пыз / +піз |
| 二人称 | 親称 | +сың / +сің | +сыңдар / +сіңдер |
| | 敬称 | +сыз / +сіз | +сыздар / +сіздер |
| 三人称 | | +ты / +ті [注] | |

注）+ты / +ті は，非疑問詞疑問文で疑問助詞（па / пе）に置き換わります（一・二人称では人称助詞の後に疑問助詞が来ます）。

## =ып³ の付加例
### 1. 母音語幹動詞の例

| баста= (бастау) 始める | | оқыма= (оқымау) 読まない | |
|---|---|---|---|
| бастаппын | 私は始めたのだ | оқымаппын | 私は読まなかったのだ |
| бастапсың | 君は 〃 | оқымапсың | 君は 〃 |
| бастапсыз | あなたは 〃 | оқымапсыз | あなたは 〃 |
| бастапты | 彼(女)は 〃 | оқымапты | 彼(女)は 〃 |
| бастаппыз | 私たちは 〃 | оқымаппыз | 私たちは 〃 |
| бастапсыңдар | 君たちは 〃 | оқымапсыңдар | 君たちは 〃 |
| бастапсыздар | あなた方は 〃 | оқымапсыздар | あなた方は 〃 |
| бастапты | 彼らは 〃 | оқымапты | 彼らは 〃 |

### 2. 子音語幹動詞の例

| жаз= (жазу) 書く | | құй= (құю) 注ぐ | |
|---|---|---|---|
| жазыппын | 私は書いたのだ | құйыппын | 私は注いだのだ |
| жазыпсың | 君は 〃 | құйыпсың | 君は 〃 |
| жазыпсыз | あなたは 〃 | құйыпсыз | あなたは 〃 |
| жазыпты | 彼(女)は 〃 | құйыпты | 彼(女)は 〃 |
| жазыппыз | 私たちは 〃 | құйыппыз | 私たちは 〃 |

| жазыпсыңдар | 君たちは 〃 | құйыпсыңдар | 君たちは 〃 |
| жазыпсыздар | あなた方は 〃 | құйыпсыздар | あなた方は 〃 |
| жазыпты | 彼らは 〃 | құйыпты | 彼らは 〃 |

〔=ып³+人称助詞〕の表す意味

〔=ып³+人称助詞〕は，発見過去を表す．話し手の「実は元は知らなかったのだが」という気持ちから発して (1) 発見（気付き），(2) 伝聞（伝聞に基づく発見[知得]）を表現する．cf.екен

(1) 発見：《(実は) …した》

Бұл сурет өте жақсы тартылыпты.
この写真はとてもよく撮れているね．

(2) 伝聞：《(実は) …だそうだ》

Ертеде екі қатыны бар бір адам болыпты.
昔々，2人の妻がいる1人の男がいたんだとさ．

② 〔=ып³+e∂i〕

暫定過去《(とりあえず) …した》の意を表す．

Мен сенімен сөйлессем деп едім.
私は君とお話できたらなと思いました．

【問35】次の動詞を，完了副動詞（=ып³）形にしなさい．

1) сұрау (сұра=)　尋ねる
2) жеу (же=)　食べる
3) жазбау (жазба=)　書かない
4) келмеу (келме=)　来ない
5) алу (ал=)　取る
6) беру (бер=)　与える
7) оқу (оқы=)　読む
8) есту (есті=)　聞く
9) табу (тап=)　得る
10) шығу (шық=)　出る

11) қорқу (қорық=)　恐がる
12) қайту (қайт=)　帰る
13) қайту (қайт=)　どうする
14) той= (тою)　満腹する
15) көбей= (көбею)　増える

**(2) 未完了副動詞（=a³）**
　未完了副動詞=a³ (=a / =e, =й) は，未完了（「…している」）の意味を持った動詞由来の副詞（「…しながら[つつ]」）です．母音調和と動詞語幹の条件に従って，=a / =e は子音語幹に，=й は母音語幹に付加されます．
　その際，以下のような若干の動詞語幹の子音は，音が変わります．
　　a) 語幹がқ / к に終わる動詞は，それぞれ=a / =eの接続でқがғに，кがг になります．
　　　ақ= (ағу) 流れる　→ аға 流れ(ながら)
　　　ек= (егу) 植える　→ еге 植え(ながら)
　　b) 語幹がп に終わる動詞は，=a / =eの接続でпがб になります．
　　　жабу (жап=) 覆う　→ жаба 覆い(ながら)
　　c) 語幹がй に終わる動詞は，=a / =e の接続でя / e になります．
　　　қараю (қарай=) 黒くなる → қарая 黒くなり(ながら)
　　　көбею (көбей=) 増える　→ көбее 増え(ながら)
　　d) 語幹がi / ы に終わる動詞は，=й の接続でи になります．
　　　оқу (оқы=) 読む　→ оқи 読み(ながら)

**(イ) =a³の文中用法**
　文中での未完了副動詞の表す意味はふつう，付帯状況です．日本語の連用形「…しながら[つつ]」とか，「…して」，「…した状態で」などと訳されます．また，「…するや(否や)」の意味でも用いられます．
　　Екі қыз қолтықтаса мектепке бет түзеді.
　　2人の少女は腕を組み合って学校に向かいました．
　同じ動詞を2回繰り返して用いると，その行為が持続して行われることなどを表し，ハイフンでつなげて書かれます．

第4部　動詞類

Мен жүре-жүре шаршадым.
私は歩きに歩いて疲れました．

(ロ) =a³の文末用法

〔=a³+人称助詞〕は現在・未来形（＝非過去）を表し，《…します》を意味します．その際，人称助詞は以下の形式が付加されます．

未完了副動詞人称助詞：

| 人称＼数 | | 単数 | 複数 |
|---|---|---|---|
| 一人称 | | +мын / +мін[1] | +мыз / +міз |
| 二人称 | 親称 | +сың / +сің | +сыңдар / +сіңдер |
|  | 敬称 | +сыз / +сіз | +сыздар / +сіздер |
| 三人称 | | +ды / +ді[2] | |

1) +мын / +мін は，=а / =е に続く際，時に +м と短縮される場合もあります．
　　Мен кетем(ін)．　私は行きます．
2) +ды / +ді は，非疑問詞疑問文では，疑問助詞（па / пе）に置き換わるのが標準的です（一・二人称ではふつう，人称助詞の後に疑問助詞が続きます）．
　　Ақшаң жете ме?　君のお金は足りるかい？（非疑問詞疑問文）
　　Неге болмайды?　なぜダメなんだい？（疑問詞疑問文）

## =a³の付加例

### 1. 母音語幹動詞の例

| баста= (бастау) 始める | | оқы= (оқу) 読む | |
|---|---|---|---|
| бастаймын | 私は始める | оқимын | 私は読む |
| бастайсың | 君は 〃 | оқисың | 君は 〃 |
| бастайсыз | あなたは 〃 | оқисыз | あなたは 〃 |
| бастайды | 彼(女)は 〃 | оқиды | 彼(女)は 〃 |
| бастаймыз | 私たちは 〃 | оқимыз | 私たちは 〃 |
| бастайсыңдар | 君たちは 〃 | оқисыңдар | 君たちは 〃 |

カザフ語文法読本

| бастайсыздар | あなた方は 〃 | оқисыздар | あなた方は 〃 |
| --- | --- | --- | --- |
| бастайды | 彼らは 〃 | оқиды | 彼らは 〃 |

2. 子音語幹動詞の例

| жаз= (жазу) 書く | | құй= (құю) 注ぐ | |
| --- | --- | --- | --- |
| жазамын | 私は書く | құямын | 私は注ぐ |
| жазасың | 君は 〃 | құясың | 君は 〃 |
| жазасыз | あなたは 〃 | құясыз | あなたは 〃 |
| жазады | 彼(女)は 〃 | құяды | 彼(女)は 〃 |
| жазамыз | 私たちは 〃 | құямыз | 私たちは 〃 |
| жазасыңдар | 君たちは 〃 | құясыңдар | 君たちは 〃 |
| жазасыздар | あなた方は 〃 | құясыздар | あなた方は 〃 |
| жазады | 彼らは 〃 | құяды | 彼らは 〃 |

【問36】次の動詞を，未完了副動詞（=a$^3$）形にしなさい．

1) сұрау (сұра=) 尋ねる
2) жеу (же=) 食べる
3) жазбау (жазба=) 書かない
4) келмеу (келме=) 来ない
5) алу (ал=) 取る
6) беру (бер=) 与える
7) оқу (оқы=) 読む
8) есту (есті=) 聞く
9) табу (тап=) 得る
10) шығу (шық=) 出る
11) қорқу (қорық=) 恐がる
12) қайту (қайт=) 帰る
13) қайту (қайт=) どうする
14) тою (той=) 満腹する
15) көбею (көбей=) 増える

### (3) 待機・目的副動詞 (=ғалы[4])

=ғалы[4] は母音調和と動詞語幹の子音（=ғалы / =гелі は母音と有声子音の後，=қалы / =келі は無声子音の後）に従って動詞語幹に付加されます．=ғалы[4] には，文中での用法しかありません．

### =ғалы[4] の文中用法

待機・目的副動詞の表す意味は，割合明確な以下の3つの用法に分かれます．

① 〔=ғалы[4]+現在進行の(補)助動詞〕：《…するつもりでいる》

待機を表す．=ғалы[4] と，現在進行を表す補助動詞（жат=《…している》，жүр=《(動いて)…している》，отыр=《(じっとして)…している》，тұр=《(立って)…している》）か，その助動詞形（жатыр, жүр, отыр, тұр）との組み合わせで用いる．

Мен қалаға барғалы тұрмын．　私は町へ行こうとしています．

＊この形式の否定は，〔=ғалы[4]+補助動詞語幹=ған[4]+жоқ+人称助詞〕です．

Жазғалы отырған жоқпын．

　私は書こうとしているのではありません．

② 〔=ғалы[4]+進行動詞〕：《…するために (行く，来る)》

目的を表す．=ғалы[4] と бар=《行く》や кел=《来る》などを組み合わせて用いる．

Мен кітап алғалы кітапханаға келдім．

　私は本を借りに，図書館へ来ました．

③ 〔=ғалы[4]+経過動詞〕：《…して以来》

時間経過の起点を表す．=ғалы[4] と，бол=《なる》や өт=《過ぎる》などを組み合わせて用いる．

Тұмаурағалы бір неше күн болды．

　彼が風邪を引いて以来，幾日か経ちました．

【問37】次の文を，待機・目的副動詞に注意して訳しなさい．

1)　Біз кітап алғалы келдік．

2) Сен қайда шық<u>қалы</u> жатырсың?
3) Мен хат жаз<u>ғалы</u> отырмын.
4) Мен сіздермен көріспе<u>гелі</u> көп жыл өтті.
5) Біз үйден шық<u>қалы</u> не көріп, не білдік, бір-бірімізге айтысалық.

第4部　動詞類

## 10. 形動詞

カザフ語の形動詞は，次の5つです．

(1) =ған[4]（=ған / =ген, =қан / =кен）：完了形動詞
(2) =атын[4]（=атын / =етін, =йтын / =йтін）：未完了形動詞
(3) =ар[3]（=ар / =ер, =р）：予期形動詞
(4) =ушы[4]（=ушы / =уші, =юшы / =юші）：従事形動詞
(5) =мақ(шы)[6]（=мақ / =мек, =бақ / =бек, =пақ / =пек および，これらに+шы / +ші の付いた形）：意向形動詞

　形動詞とは，「動詞由来の形容詞」を意味する用語で，日本語動詞の連体形に相当します．よって，(1)〜(5)の付加したその形自体は名詞類に属します（動詞本来の特性は，その語幹部までが担います）．形容詞と同様に物事の性質や様態を表し，(1)〜(5)のいずれもが，名詞を前から限定修飾する他，文末で述語になります．また，名詞としても用いられます．

### (1) **完了形動詞（=ған[4]）**

　完了形動詞=ған[4]（=ған / =ген, =қан / =кен）は，完了（「…してしまう」）の意味を持った動詞由来の形容詞（「…した(状態にある)」）です．母音調和と動詞語幹の条件に従って，=ған / =ген は母音と有声子音の後，=қан / =кен は無声子音の後に付加されます．

### (イ) **=ған[4]の限定修飾用法**

　完了形動詞=ған[4]の限定修飾用法が表す意味は，日本語動詞の過去連体形《…した…》に相当します．

　　　　оқыған кітап　読んだ本　　　айтпаған сөз　言わなかった言葉

　なお，=ған[4]が，現在進行を表す4つの補助動詞（жат=《…している》，жүр=《(動いて)…している》，отыр=《(じっとして)…している》，тұр=《(立って)…している》）に付加された場合，=ған[4]における完了の意味は薄まり，《…しているところの…》意を表します．

　　　　жүгіріп келе жатқан балалар　走って来る子供たち
　　　　оқып жүрген мектеп　通学している学校

(ロ) =ған⁴の文末述語用法
① 〔=ған⁴+人称助詞〕：《(かつて)…した(ことがある)[している]》
　文末述語としての完了形動詞の用法は，基本的には《…した》を表します．よく似た意味では，すでに単純過去形=ды⁴《…した》を学びましたが，=ды⁴が単なる過去時制を表すのに対し，そもそも完了の形容詞である=ған⁴は，様態を表現するのみで，時制は表しません．すでに行なわれた行為の存続や，その行為の現在に至るまでの有効性，経験などを表します．

　　Мен бұрын сізді бір жерден көргенмін.
　　私は以前，あなたをあるどこかで見たことがあります．

　文末における=ған⁴の否定は4種類見られます．いずれも《…したことがない》という過去の経験を否定しますが，若干ニュアンスが異なります((2)～(4)は厳密には名詞的用法と言えます．形動詞の内，(3)(4)のように否定でжоқを使うのは完了形動詞のみです．他の形動詞は(1)や(2)の方式で否定を表します)．
　(1) =ма⁶=ған⁴+人称助詞：
　　　жазбағанмын　私は書かなかった（行為発生の否定）
　(2) =ған⁴+емес+人称助詞：
　　　жазған емеспын　私は（決して）書いてなどない（断言的否定）
　(3) =ған⁴+所有接尾辞+жоқ：
　　　жазғаным жоқ　私は書いたことがない（一般的な経験の否定）
　(4) =ған⁴+жоқ+人称助詞：
　　　жазған жоқпын　私が書いたのではない（反駁的否定）

② 〔=ған⁴+еді〕：《…した(ことがある)のだ》
　=ған⁴《…した》の断定を表す．
　　Мен Асқар және Ораз үшеуіміз бірге оқыған едік.
　　私とアスカルそしてオラズの3人は一緒に学んだのでした．

③〔=ған[4]+推量語（шығар / болар（推量助詞），сияқты / секілді（後置詞）など）〕：《…しただろう[もようだ]》

過去推量を表す．

Енді білген шығарсың．　これでもう君は分かっただろう．

(ハ) =ған[4]の名詞的用法

完了形動詞=ған[4]は名詞類に属するので，格助詞や名詞形成接尾辞，副詞形成接尾辞などが付加され，構文上いろいろと重要な機能を果たします．ここではその様々な用法を概観します．

① 〔=ған[4]〕：《…したこと》，《…してしまうこと》

動作の完了の意味を持った名詞となる．

Оны шақырып келген мен едім．　彼を呼んできたのは私です．

Сенің барғаныңнан гөрі, менің барғаным абзал．

　君が行くよりも私が行った方が良いです．

② 〔=ғандар[4]〕（+дар / +дер は複数接尾辞）：《…した複数の人[物]》

基本的には，《…した複数のモノ（者/物）》の意．傾向としては，《…した人々》を表す場合が多い．

Тауға баруға жиналғандар өте көп болды．

　山へ行くのに集まった人たちはとても多くなりました．

③ 〔=ғандықтан[4]〕（+дық / +дік は名詞化接尾辞，+тан / +тен は奪格）：《…したので（…する）》．cf. =атындықтан[4]《…するので》

完了の意味を含んだ理由を表す．

Қар көп жауғандықтан, жол көрінбей қалды．

　雪がたくさん降ったので，道が見えなくなりました．

④ 〔=ғанда[4]〕（+да / +де は位格）

(1)《…する際》，《…した際》：主文の時制に関係なく単に完了を表し，置かれた状況や，2つの動作の遭遇点を表す．

Мына дәріні тамақтанғанда ішесіз．

　この薬を食事の際に飲んで下さい．

(2)《…すると（…する）》：世のならいを表す（主文は非過去）．

Күз болғанда, құстар жылы жаққа кетеді．

　　　　秋になると鳥たちは暖かい方へ去ります.
　　(3)《…である以上（…だ）》：反語を導く際の事情を表す.
　　　　Сен шеше алмағанда, басқалар қайдан шеше алсын?
　　　　君が解けないのなら，他の者がどうして解けようか.
⑤ 〔=ғанға[4]〕（+ға / +ге は与格）
　　(1)《…したことによって》：原因を示す.
　　　　Екі-үш күн сырқаттанғанға көзі шүңірейіп кетіпті.
　　　　彼は2, 3日病気にかかり目がくぼんでしまいました.
　　(2)《…したことに（対して）》：対象を示す.
　　　　Сізбен танысқаныма қуаныштымын!
　　　　あなたとお知り合いになれて私は嬉しく思います.
⑥ 〔=ғаннан[4]〕（+нан / +нен は奪格）：《…したことにより（…する）》
　　原因を表す.
　　　　Оқушы ұялғаннан қып-қызыл болып кетті.
　　　　生徒は恥ずかしくて真っ赤になってしまいました.
⑦ 〔=ғанша[4]〕（+ша / +ше は方式接尾辞）
　　主に，ある行為が行なわれるに至るまでの状況を述べる．意味は，文脈
　　により大きく4つに分類できる．否定形は=майынша[6]だが，専ら下の(1)
　　の意の否定として用いられる.
　　(1) 主文の行為の先行を表す.
　　　(a)《…するよりも先に（…する）》
　　　　Біз барғанша ол кетіп қалыпты.
　　　　私たちが着く前に，彼は立ち去ってしまいました.
　　　(b)〔=майынша[6]〕：《…しない内は[限り]（…ない)》
　　　　=ғанша[4](1)の否定を表す．主文に否定語を従えて用いる.
　　　　Сен оны жеңбейінше ол малыңды бермейді.
　　　　君が彼を負かさない限り，彼は君の家畜を返しません.
　　(2)《…するまで（ずっと…である)》：期限[限度]を表す.
　　　　Көріскенше сау тұрыңыз!　また会う時まで，お元気で.
　　(3)《…するよりは（…した方がましである)》：比較選択を表す.
　　　　Ол барғанша, өзім барайын.　彼が行くより，私自身が行こう.

第4部　動詞類

(4) 《…するくらいに（…する）》：程度を表す．

Ішек-сілесі қатқанша күлді.

彼は抱腹絶倒しました（←はらわたがこわばる程に笑った）．

⑧ 〔=ғанмен⁴〕（+мен は助格）：《…したにもかかわらず[けれども]》

譲歩を表す．

Ол тым аз айтқанымен, бәрін де орынды айтты.

彼はほんの僅かしか話さなかったけれども，全てを適切に話しました．

(二) =ған⁴ の副詞的用法

① 〔=ған⁴+бол=〕：《…した振りをする》

素振りを表す．

Ол көрмеген болып алдымыздан өтіп кетті.

彼は見ぬ振りをして私たちの前を通り過ぎて行きました．

② 〔=ған⁴+болса〕：《…し(てい)たならば》

完了条件を表す．

Сіз айтпаған болсаңыз кешігіп қалар едім.

あなたが言ってくれなかったら，私は遅刻するところでした．

③ 〔=ған⁴+болатын〕：《…したものでした》

回想を表す．

Ол самолёттің моделін жасап әкелгенде, кластас балалар оған қызыға қараған болатын.

彼が飛行機の模型を作って持って来た際，クラスメートの子供たちはそれを興味深く眺めたものでした．

④ 〔=ған⁴+көрінеді〕：《…したようだ》

過去推量を表す．

Ол басқа біреумен қашып кеткен көрінеді.

彼は他の誰かと逃げ去ったようです．

【問38】次の文を，完了形動詞に注意して訳しなさい．

1) Әке-шешем жоғары білім алған.

2) Таңертеңнен су ішкен жоқсың, шөлдеген шығарсың.
3) Сенің дәрігерге барғаның жөн.
4) Жас ұлғайғанда бетке ажым түседі.
5) Сіздің не айтқаныңызды түсінбедім.
6) Оның бұл арадан кеткеніне 3 жыл болды.
7) Ол жақсы оқығандықтан көп біледі.
8) Көріскенше сау бол.
9) Ойынға берілгенше білім алуға ұмтылсаңшы.
10) Кішкене іс болғанымен де маңызы зор.

### (2) 未完了形動詞 (=атын⁴)

未完了形動詞=атын⁴ (=атын / =етін, =йтын / =йтін) は，未完了 (「…する(であろう)」) の意味を持つ動詞由来の形容詞 (「…する(状態にある)」) です．母音調和と動詞語幹の条件に従って，=атын / =етін は子音語幹に，=йтын / =йтін は母音語幹に付加されます．

### (イ) =атын⁴ の限定修飾用法

名詞の限定修飾語として用いる時の=атын⁴ の意味は，《…するところの…》，《…するための…》を表します．

    оқитын кітап　読む本
    айтуға болмайтын сөз　言ってはいけないことば．禁句

### (ロ) =атын⁴ の文末述語用法

① 〔=атын⁴+人称助詞〕：《(当時) …であった》

文末述語としての=атын⁴ には，回想[想起]を表す用法があります (この過去にまつわる意味は，=атын⁴ の下線部がтұрған《立った，あった》(動詞тұр= の完了形動詞形) に由来する名残です)．

(1) 《(当時) …するものであった》
    過去の習慣[状況]の想起を表す．
    Бала кезімде бұл араға келіп тұратынмын.
       私が子供の頃，よくここへやって来るものでした．

(2) 《(その時)…であった》
点的時間の想起を表す（特に болатын).
Уақыт тым кеш болатын.　時間的にとても夜晩かったです.

② 〔=атын⁴+e∂i〕
(1) 《(かつては)…するものであった》
過去の習慣[状況]の断定を表す.
Ол үнемі автобуспен Алматыға барып-келетін еді.
彼はいつもバスでアルマトゥへ行き来していました.
(2) 《…することになっている[いた]》
予定の断定を表す.
Ол ауылға ертең баратын еді.
彼は村へ明日行くことになっています.
(3) 《(本来なら)…するところだ（だが実際は…)》
反実仮想の断定を表す.
Егер мені мына бала жеткізбесе, мен сені таба алмайтын едім.
もしも，私をこの子が連れて来てくれなかったなら，私は君を見つけることはできなかったでしょう.

③ 〔=атын⁴+推量助詞〕：《…するだろう》
未来推量を表す.
Олар ертен келетын шығар?　彼らは明日来るんじゃない？

(ハ) =атын⁴の名詞的用法

① 〔=атын⁴〕：《…する[であろう]こと》
動作の未完了の意味を持った名詞となる.
Сұрайтының болса қашан келіп сұрасаң да болады.
君は質問することがあればいつ来て尋ねても良いです.
② 〔=атындар⁴〕（+дар / +дар は複数接尾辞)：《…する複数の人[物]》
基本的には，《…する複数のモノ（者/物)》の意．傾向としては，《…する人々》を表す場合が多い.
Ешбір спортпен шұғылданбайтындар да бар.
いかなるスポーツもしない人たちもいます.

③〔=атындықтан⁴〕（+дық / +дік は名詞化接尾辞，+тан / +тен は奪格）：《…するので（…する）》cf.=қандықтан⁴
　　未完了の意味を含んだ理由を表す．
　　Ағашта талшық болатындықтан онан қағаз жасалады.
　　木には繊維があるのでそれで紙が作られます．

(二) =атын⁴ の副詞的用法
① 〔=атын⁴+бол=〕：《…するよう[こと]になる》
　　状態や傾向の変化，見込みなどを表す．
　　Мен нашар көретін болдым.　私はものがよく見えなくなりました．
② 〔=атын⁴+көрінеді〕：《…するようだ》
　　未来推量を表す．
　　Ол да осы поезбен қайтатын көрінеді.
　　彼もこの列車で帰るみたいです．

【問39】次の各文を，未完了形動詞に注意して訳しなさい．
　1) Такси тоқтайтын жер қайда?
　2) Біз оқитын мектепте бір мың оқушы бар.
　3) Сен де осындай істі көрсең, солай істейтін шығарсың.
　4) Жақыннан бері тамақ сіңбейтін болды.
　5) Сен кітапханаға қашан баратын едің?
　6) Ол аш қасқырды ту баста-ақ құтқармаса болатын еді.
　7) Мына дәріні қалай қолданатынын түсіндіріңізші.
　8) Таяуда сабақ басталатындықтан, оқушылардың бәрі қайтып келді.
　9) Мен бұрын роман оқуды жақсы көретінмен.
　10) Ескерткіш үлкен гранит тастың үстіне орнатылған болатын.

**(3) 予期形動詞（=ap³）**
　　予期形動詞=ap³（=ap / =ep, =p）は，カザフ語では概して予期（～近未来．「…するであろう」）を表現する形動詞です．母音調和と動詞語幹の子音の種類に従って，動詞語幹に付加されます（=ap / =ep は子音語幹へ，=p は母音語幹に）．また，その否定形は=мас⁶（=mas＜=ma+*r）です．

(イ) =ap³の限定修飾用法

　=ap³は《…するであろう》,《…する（べき）》程度の意味ですが，名詞の限定修飾語としての利用は限定的で，物事の有様や性質などを客観的に捉えた，理屈めいた若干の定型化した表現で用いられます．この否定形=мас⁶は，《…するはずない》といった断固とした否定を表します．

　　айт<u>ар</u> сөз　言うことば　　　　　кел<u>ер</u> шақ　未来形（文法）
　　өшп<u>ес</u> еңбек　消ええぬ功績

(ロ) =ap³の文末述語用法

① 〔=ap³+人称助詞〕:《…するだろう》
　予期（〜未来推量）を表す．
　　Мен ертең киноға бар<u>ар</u>мын．　私は明日映画に行くでしょう．

② 〔=ap³+e∂i〕
　(1)《（将来）…することになっている》:予期の断定を表す．
　　　Мен бар<u>ар</u> едім．　私は行くことになっています．
　(2)《（…すれば）良いなа》:控え目な断定や希望を表す（特に条件形とбол<u>ар</u> едіを組み合わせて）．
　　　Бізге жұмыстан соң кездессек жақсы бол<u>ар</u> еді．
　　　　私たちにとっては，仕事の後に会えたら良いのですが．
　(3)《（本来なら）…するところだ》:反実仮想を表す．
　　　Сіз әңгіме айтсаңыз, біз тыңд<u>ар</u> едік．
　　　　あなたがお話してくれたなら，私たちは聴くところだったのに．

(ハ) =мас⁶の文末述語用法

① 〔=мас⁶+人称助詞〕:《…しようはずがない》,《…しっこない》
　断定的な否定を表す．
　　Меніңше ол бүгін келе қой<u>мас</u>．
　　　私が思うに彼は今日は来るはずがありません．

② 〔=мас⁶+e∂i〕
　(1)《（元より将来）…することになっていない》:確定未来の否定を断定する．

Мен бармас едім.　私は行くことになっていません.

(2)《(本来なら) …することになっていなかった》: 仮定未来の否定を断定する.

Алғашқы уәдемде тұрған болсам, мұндай күйге қалмас едім-ау!
私は, 私の最初の約束を守ったなら, こんな境遇にはならなかったのに！

㈡ =ap³ の名詞的用法

① 〔=ap³〕:《…であろうこと》,《…すべきこと》,《…すること》
近未来における行為のあり方を表す.

Түнде қайда қонарымды білмеймін.
夜に私はどこに泊まるのか知りません.

② 〔=арда³〕(+да / +де は位格):《…する際[直前]に》
行為を行なう直前を表す.

Шаруа өлерінде бірдеме демеп пе?
農夫は死に際に何か言わなかったかい？

＊補助名詞 алдында《(その)前に》と共に用いられても同様に《…する前に》の意味を表します.

Жігіт жүрер алдында әйелімен ақылдасыпты.
青年は出かける前に妻と相談し合ったそうな.

③ 〔V=ap³-V=мас⁶〕(V は動詞語幹):《…するかしないかくらい》
行為の間際を表す.

сенер-сенбестік　半信半疑
толық төрт жыл өтер-өтпесте　丸4年が過ぎようとしている時に

㈤ =мас⁶ の名詞的用法

〔=мастан⁶〕(+тан / +тен は奪格):《…せずに》,《…することなく》
予想される行為の不履行を連用形用法で表す.

Ол мүдірместен жауап берді.
彼は言葉に詰まることなく返答をした.

第4部　動詞類

【問40】次の各文を，予期形動詞に注意して訳しなさい．
1)　Жұмыс болмаса келіп қалар.
2)　Үш-төрт күннен соң кеңесерміз.
3)　Ағасы сыйлаған соң, інісі алар болар!
4)　Керек болар деп бір аз ала салдым.
5)　Айтарыңды жөнімен айт.
6)　Не істерін білмей қатты састы.
7)　Бүкіл жер шарын алып магнит деуге болар еді.
8)　Ақырын сөйлесең болмас па еді?
9)　Бүгін жаңбыр жауа қоймас па екен?
10)　Айтар-айтпастан сөзін тоқтата қойды.

## (4) 従事形動詞（=ушы⁴）

従事形動詞=ушы⁴（=ушы / =уші, =юшы / =юші）は，動名詞（=y²）に，従事者を表す接尾辞（+шы²）が結合した形動詞です．母音調和と動詞語幹の条件に従って，動詞語幹に付加されます．

なお，この接尾辞は，従事者を表す安定的な名詞（оқушы《生徒》や мал бағушы《牧民》など）を派生する接尾辞としてもよく使われます．しかし，形動詞と名詞では用法が異なります．

### (イ) =ушы⁴の限定修飾用法

名詞を修飾する=ушы⁴は，《…(に従事)するところの（モノ）》を表します．

музыка үйренуші бала　音楽を学んでいる子供
байланыс қызметін атқарушы Жер серіктері
　通信業務を行う複数の人工衛星．複数の通信衛星

### (ロ) =ушы⁴の文末述語用法

形動詞としての=ушы⁴は，他の形動詞とは異なり，通常文末で人称助詞を直接伴なった形での述語にはなりません．決まってедіを伴なって，時間軸に関わらず持続的[確定的]な動作を表します．

— 99 —

〔=ушы⁴+е*ді*〕
① 《(常々)…するものである》：普段[常日頃]の動作を表す．
    Орысша онша жақсы сөйлей алмау<u>шы</u> едім．
    ロシア語は私はあまりうまく話せません．
② 《…することになっている》：確定未来を表す．
    Мектептің машинасы ертең ауданға бару<u>шы</u> еді．
    学校の車は明日郡部へ行くことになっています．
③ 《(よく)…するものであった》：過去の習慣を表す．
    Бұрын ол үйімізге келіп тұру<u>шы</u> еді．
    以前彼は我が家へよく来るものでした．
④ 《(本来なら)…するところであった》：反実仮想を表す．
    Бұл адам болмаған болса, бізді айдаһар жұтып қою<u>шы</u> еді．
    この人がいなかったら，私たちを大蛇が呑み込んでしまうところでした．

(ハ) =ушы⁴ の名詞的用法
〔=ушы⁴+болма=〕：《(ゆめゆめ)…しないように》：禁止を表す．
    Май жанса, әсте оған су құю<u>шы</u> болма．
    油が燃えたら，決してそれに水を注ぐな．

【問41】次の各文を，従事形動詞に注意して訳しなさい．
  1) Жұмыс тексер<u>уші</u> кісілер біздің жерімізге келді．
  2) Мен скрипка тартуды жақсы көр<u>уші</u> едім．
  3) Нешінші нөмірлісін ки<u>юші</u> едіңіз?
  4) Айтыңызшы, сәлемдемені осы арадан жібер<u>уші</u> ме еді?
  5) Бұдан былай кел<u>уші</u> болма．

**(5) 意向形動詞（=мақ⁶(шы²)）**
    =мақ⁶ は母音調和と，語幹末の子音に従って付加されます（=мақ / =мек は母音と й, у, л, р の後，=бақ / =бек は з, м, н, ң の後，=пақ / =пек は無声子音の後）．+шы² は従事者を表す接尾辞です．

第 4 部　動詞類

(イ) =мақ(шы)⁶ の限定修飾用法
　名詞を修飾する際の意味は，主に行為者の意向[希望]で，《…するつもりの…》，《…しようとする…》を表します．従事者を表す接尾辞+шы² が付加される形式では，行為者の意向が一層はっきり現れます．
　　айтпақ сөз　言うつもりの言葉　істемек жұмыс　するつもりの仕事
　　Биыл демалысты қалай өткізбек ойың бар?
　　今年は休暇をどのように過ごす考えがありますか？

(ロ) =мақ(шы)⁶ の文末述語用法
① [=мақ(шы)⁶+人称助詞]
　(1)《…するつもりでいる》：行為者の意向や希望を表す．
　　Мен бір сурет тарттырмақпын.
　　　私は写真を一枚撮ってもらいたいです．
　(2)《…となる(べき)ものだ》：道理や必然を表す．
　　Сіз патша болмай, кім патша болмақ?
　　　あなたが王にならずして誰が王になるのですか？
② [=мақ(шы)⁶+e∂i]：《…するつもりでいる[いた]》
　行為者の意向や希望を表す．
　　Біз түстен кейін оның көңілін сұрай бармақшы едік.
　　　私たちは午後彼のお見舞いに行こうと思っていました．

(ハ) =мақ(шы)⁶ の副詞用法
[=мақ(шы)⁶+бол=]：《…することにする》，《…したくなる》
　行為者の意向や希望，欲求の発生などを表す．
　　Мен саған маңызды бір жұмыс жайын айтпақ болып келдім.
　　　私は君に重要なある用件について話そうと来たんです．
　＊ちなみに，文頭で単独で用いたайтпақшыは，《そういえば》の意味の挿入語です．
　　Айтпақшы, сен қашан келесің?
　　　そういえば，君はいつ来ますか？

【問42】次の各文を，意向形動詞に注意して訳しなさい．
1) Мен бармақшы емес едім.
2) Біз оған бермек болдық.
3) Ол сені осы арада тоспақшы болған.
4) Олар қайыққа отырып не істемекші?
5) Қандай қиыншылық болса да, оны тоса алмақ емес.


## 11. 動名詞

動名詞とは，「動詞的な名詞」を意味する用語です．形式的には名詞ですが，動詞(語根)の意味と機能が健在なものを指します．

(1) =ғы$^4$

=ғы$^4$ (=ғы / =гі, =қы / =кі) は，〔=ғы$^4$+所有接尾辞+кел=〕として，《(誰々は)…したくなる[思う]》を表します．

 Мен опера театрына барғым келеді.
 私はオペラ劇場へ行きたいです．

=ғы$^4$付加例

| оқы= (оқу) 読む | | іш= (ішу) 飲む | |
|---|---|---|---|
| оқығым келеді | 私は読みたくなる | ішкім келді | 私は飲みたくなった |
| оқығың келеді | 君は 〃 | ішкің келді | 君は 〃 |
| оқығыңыз келеді | あなたは 〃 | ішкіңіз келді | あなたは 〃 |
| оқығысы келеді | 彼(女)(ら)は 〃 | ішкісі келді | 彼(女)(ら)は 〃 |
| оқығымыз келеді | 私たちは 〃 | ішкіміз келді | 私たちは 〃 |
| оқығыларың келеді | 君たちは 〃 | ішкілерің келді | 君たちは 〃 |
| оқығыларыңыз келеді | あなた方は 〃 | ішкілеріңіз келді | あなた方は 〃 |
| оқығылары келеді | 彼らは 〃 | ішкілері келді | 彼らは 〃 |

## (2) =y²

=y² (=у / =ю) は,《…すること》という抽象名詞を形成する接尾辞で,動詞の不定形(基本形)です. 普通の名詞と同様に主語として用いられたり,人称接尾辞や格語尾も付加されます.

 Біз қазақша үйренуге келдік.
  私たちはカザフ語を学びに来ました.

## =y²を用いる文末表現

① 〔=y²(+所有接尾辞)+керек / қажет / лазым〕/〔=y²+与格+тиіс(+人称助詞)〕:《…する必要がある》,《…しなければならない》

 Қазақшаны жақсы үйренуің керек.
  君はカザフ語をしっかり学ばなくてはいけません.

 ＊болу керек は《…であるに違いない》,《…であるかもしれない》という推測を表す場合もあります.

 Сен болмасаң, әкең болу керек.
  君じゃなければ君のお父さんに違いない.

② 〔=y²(+所有接尾辞)+мүмкін〕:《…する可能性がある》,《…するかもしれない》

 Дұрыс, осындай себептен болуы мүмкін.
  そうですね, そのような理由からかもしれません.

③ 〔=уда²(+人称助詞)〕(+да / +де は位格):《…している》
特に文章語的な文体において, 現在進行を表す.

 Дүниедегі көптеген мемлекеттер ай шарын ашу жоспарын зерттеуде.
  世界の多くの国々は, 月を開発する計画を研究しています.

④ 〔=умен²+бол=〕(+мен は助格):《ひたすら…することとなる》

 Уәде қылған жерден адасып, бет алды қаланы кезумен болады.
  彼は, 約束した場所に迷って, やみくもに町をさまよい歩くばかりとなるのです.

(3) =ыс³

〔=ысымен⁴〕(+ы²は三人称所有接尾辞, +менは助格) は,《…するや（いなや)》を表します.

  Таң атысымен-ақ, ол жұмысқа жүріп кетті.
  夜が明けるや，彼は仕事に行った.

【問43】次の文を，動名詞の各用法に注意して訳しなさい.
 1) Кімнің барғысы келді?
 2) Мен сізден кешірім сұрауға тиіспін.
 3) Біз осы күнге дейін сенің сөзіңді күтудеміз.
 4) Ол өз үйіне кеткен болу керек.
 5) Кітап келісімен өзіңізге ұқтыру жібіреміз.

第4部　動詞類

## 12. 補助動詞

　補助動詞とは，その動詞本来の意味が薄れ（文法化し），他の動詞の完了・未完了副動詞形と共に用いられて，その動作の様々な行なわれ方（アスペクト）を表すようになった動詞群を指します．日本語で言う「降りだす」，「行ってみる」，「書きおく」に見られるような，「だす」，「みる」，「おく」といった動詞の用法に相当します．
　以下，22の動詞の補助動詞としての用法を学びます．

### 1. ал= 取る

① 〔=ып³ ал=〕：《〈行為者が自らに向け〉（ちゃんと）…する》
　(1) その行為によって生ずる具体物を獲得する．
　　　Ол бір күні бір қуыршақ жасап алды.
　　　　彼女はある日人形を1つ作りました．
　(2) その行為による不利益を獲得する．
　　　Мен пәтер кілтін жоғалтып алдым.
　　　　私はアパートの鍵をなくしてしまいました．
　(3) その行為自体をしっかり獲得する．
　　　Кесіртке қабырғаға жабысып алыпты.
　　　　トカゲが壁に貼り付いている！
② 〔=а³ ал=〕：《…することができる》
　(1) 能力を表す：《…する能力がある》
　　　Ол хат танымағандықтан оқи алмады.
　　　　彼は文字を知らなかったので読めませんでした．
　(2) 可能性を表す：《…する見込みがある》
　　　Енді қозғалмасақ үлгіре алмаймыз.
　　　　もうこれで私たちは動かなければ間に合いませんよ．

### 2. бар= 行く

① 〔=ып³ бар=〕：《…してゆく》
　(1) その行為の主体が実際に離れ遠ざかって行くこと表す．
　　　Сіз қалған ақшаңызды ұмытып барасыз.

— 105 —

　　　　　　あなたはおつりをお忘れですよ．
　　（2）その行為が先へ（積極的に）進行[発展]していく感じを表す．
　　　　Малдың саны жылдан-жылға көбейіп барады.
　　　　　家畜の数が年々増えてゆきます．
② 〔=а³ бар=〕：《（ついでに）…してゆく》
　　　その行為を，ついでの気軽な行為として進行する．
　　　　Ала бар．ついでに持って行ってよ！
　＊〔=а³ бар=〕には，《…しに行く》という目的を表す用法もあります．
　　　　Ол шет жерлерге тексеру жүргізуге, сапарлай барғанда, …
　　　　　彼は外地へ調査しに，旅行へ出かけた時，…

3. баста= 始める
○〔=а³ баста=〕：《…し始める》
　　　その行為が始まることを表す．
　　　　Күздігүні жапырақтар сарғая бастайды.
　　　　　秋，木の葉は黄色くなり始めます．
　＊補助動詞 бастау は完了副動詞（=ып³）には後続しません．

4. бер= 与える
①〔=ып³ бер=〕：《…してやる[あげる，くれる]》
　　　その行為が他者のために行なわれることを表す．
　　　　Ол әнді жақсы салып берді.
　　　　　彼は歌を上手に歌ってくれました．
②〔=а³ бер=〕：《（構わずに）…する》
　　　その行為が何はばかることなく進行することを表す．
　　　　Сіздер сөйлесе беріңіздер.
　　　　　皆様方，どうぞそのまま話合いを続けて下さい．

5. бол= なる
①〔=ып³ бол=〕：《…し終わる》
　　　その行為が全て終わることを表す．

Олар кеңсесін тазалап болды.
　　彼らは事務所を掃除し終わりました．
② 〔=май⁶ болма=〕
　　その行為をしなくてはいけないことを表す．
　　Мұндай ескілікпен күреспей болмайды.
　　このような旧習とは闘わなくてはいけません．

## 6. біл= 知る
○ 〔=а³ біл=〕：《(心得があり) …できる》
　　その行為を習い覚えていて，できることを表す．
　　Коньки тебе білесің бе?　君はスケートが滑れるかい？

## 7. жазда= …しそうになる
○ 〔=а³ жазда=〕：《(危うく) …しかける》
　　動作が行なわれる間際であることを表す．
　　Мен бұл істі ұмытып кете жаздаппын.
　　私はこのことを危うく忘れてしまうところでした．
　＊жаздау は，完了副動詞（=ып³）には後続しません．

## 8. жат= 横たわる
① 〔=ып³ жат=〕（ただし，бар= / кел=（縮合動詞 апар= / әкел= も含む）以外の場合のみ）
　　（その場で）その行為が進行していることを表す．
　　Таудың етегінде өзен ағып жатады.
　　山の麓に川が流れています．
② 〔=а³ жат=〕（ただし，бар= / кел=（縮合動詞 апар= / әкел= も含む）の場合のみ）
　　その行為が進行していることを表す．
　　Қыстақтың қыз-келіншектері суға бара жатты.
　　村の娘や若嫁たちが水汲みに出かけていました．

## 9. жөнел= 急いで行く

○ 〔=a³ жөнел=〕：《(一気に)…する》,《(即)…し始める》
その行為が迅速に行なわれることを表す.
  Жақында ғана кітаптан оқыған бір ертегіні айта жөнелдім.
  私はつい最近本で読んだある民話を即話し始めました.

## 10. жүр= 行く

① 〔=ып³ жүр=〕：《(活動的に)…している》
  (1) その行為が日頃, 習慣的に, 身体的動きを伴いながら現在進行していることを表す：《(日頃)…する》
    Сен оқып жүрген мектепте менің әкем мұғалім болып істейді.
    君が通っている学校で私の父は先生として働いています.
  (2) 面倒や徒労の現在進行を表す：《(面倒にも)…する》.
    Жалғыз өзіңіз тамақ жасаймын деп жүрмей, біздің үйден жей салыңыз.
    あなた1人, ごはんを作るんだと面倒を言っていないで, 私たちの家でついでに食べていって下さいよ.

② 〔=a³ жүр=〕
  жүр=（仕事や日常活動）する際に付帯する行為を表す.
    Кезекшілік істей жүріп үйренеміз.
    私たちは当直の仕事をしながら勉強します.

## 11. жібер= 送る

○ 〔=ып³ жібер=〕
  (1) その行為がすばやく行なわれることを表す：《(さっと)…する》
    Маған көрсетіп жіберіңізші！ 私にちょっと見せて下さいよ！
  (2) その行為が決然と行なわれることを表す.
    Арыстан оны аяғымен ұрып жығып, жарып жіберді.
    ライオンは彼を脚で叩いて倒し, 引き裂いてしまいました.

## 12. кел= 来る

① 〔=ып³ кел=〕:《…してくる》
  (1) その行為の対象が，近づいてくることを表す.
    Күз жақындап келді．　秋が近づいてきました．
  (2) その行為の対象が，近づいてくる感じを表す.
    Олардың ынтымағы күн сайын күшейіп келеді．
    　彼らの団結は，日増しに強まってきます．

② 〔=а³ кел=〕
  「来る」動作に付随して行なわれる行為を表す.
    Есікке барғанымда ішкі жақтан әкем шыға келді．
    　扉の所へ行ったら，中から父が出てきました．
  ＊なお，〔=а³ кел=〕には，《…しに来る》という目的を表す用法もあります．
    Сәлеметсіз бе, біз сізден хал сұрай келдік．
    　こんにちは，私たちはあなたにご機嫌伺いしに参りました．

## 13. кет= 来る

① 〔=ып³ кет=〕
  (1) その行為の対象が，実際に元の場から去ることを表す.
    Таудан тас домалап кетті．　山から石が転がってゆきました．
  (2) その行為が（他者の力の及ばぬところで）すっかり行なわれてしまうことを表す.
    Үй құлап кетті．　家が倒れてしまいました．
  (3) 感情や感覚等に関わる動作が，にわかに強く高まることを表す.
    Ұялып кеттім．　私は恥入ってしまいました．

② 〔=а³ кет=〕
  (1) その行為が，手間なく行なわれる様を表す.
    Мені бірге ала кетші！　私をついでに連れて行ってよ！
  (2) その行為が，たちまちの内に行なわれることを表す.
    Бір жерге келгенде алты қанат ақ орда кезіге кетіпті．
    　ある場所へ来た時，6枚の格子壁でできた白い宮殿が突然目に入った．

＊なお，〔=а³ кет=〕には，《…しに出かける》という目的を表す用法もあります．

　　Ол досына амандаса кетті．
　　　彼は彼の友達に挨拶をしに出かけました．

## 14. көр= 見る
① 〔=ып³ көр=〕：《…してみる》
　　その行為の体験を表す．
　　Бұл істі мен білмеймін, ана кісіден сұрап көр.
　　　このことを私は知りません．あの人に尋ねてみな．
② 〔=а³ көр=〕
　　多く命令形で用いて，懇願の意を表す．
　　Мен қазақша сөйлегенде сөзім дөрекілеу болып шығады, мұны көңіліңізге ала көрмеңіз.
　　　私はカザフ語を話すと，言葉がぎこちなめになります．このことをあなたはお気に掛けないで下さい．

## 15. қал= 残る
① 〔=ып³ қал=〕
　(1) ある状態になることを表す．
　　Магазин жабылып қалды． 店は閉まってしまいました．
　(2) その行為の完結を表す．
　　Ол жолға шығыпты, бәлкім ертең келіп қалар.
　　　彼は出発したそうだよ．多分，明日到着するでしょう．
　(3) その行為が不意の結果になることを表す．
　　Ертең ұйықтап қалма! 明日寝坊しないでよ！
　(4) その行為がもうじき実現することを表す（始まる，終わる，近づく，出来上がる等に関わる意味を有する動詞と用いられると，よくこの意味を表す）：《（もうじき）…する》
　　Мен тапсырмамды орындап болдым, өзің де орындап болып қалған шығарсың.

私は宿題をやり終わりました．君自身もやり終わりかけているんじゃない．

② 〔=а³ қал=〕
  (1) その行為が突然行なわれることを表す：《(たちまち)…する》
    Оның жүзіндегі күлкі ізі өше қалды.
    彼女の顔の笑みのあとが，突然消えてしまいました．
  (2) その行為が，成り行きで，そうなることを表す．
    Автомобиль баяу келіп тоқтай қалды.
    自動車がゆっくり走って来て止まりました．

## 16. қой= 置く

① 〔ып³ қой=〕
  (1) その行為の結果をある場所にしておく意を表す．
    Ол әр күні баласын мектепке апарып қояды.
    彼女は毎日自分の子供を学校に送り届けます．
  (2) その行為の実行の事実をつくっておく意を表す．
    Мен бір жақсы орайды қолдан жіберіп қойдым.
    私は1つの良い機会を手元から取り逃しました．

② 〔=а³ қой=〕
  (1) さっと手際よくその行為が実現されるさまを表す．
    Мен соған барып келе қояйын.
    私は彼のところへちょっと行ってきます．
  (2) 命令形で用いて，年上の者が，年下や子供などにやさしく行為を促す（単独ではғой と綴ります）．
    Сен барып әкеле қойшы.
    お前ちょっと行って取ってきておくれよ．
    Мә, ал, ала ғой, қалқам! ほら，取れ，受け取りなよ，坊や！

③ 〔=май⁶-ақ қой=〕(-ақは強意助詞)
  その行為がさっとは完遂されずにある意を表す：《…せずにおく》
    Жұмысың болса келмей-ақ қой.
    君は用事があるなら来ないでおきなよ．

## 17. отыр= 座る

① 〔=ып³ отыр=〕

　　座って行なったり，大きな動きを伴なわない静的動作[存在]や，思考などに関係する行動の，現在進行を表す．

　　　Ол әр 12 сағат сайын бамбуктың бойын өлшеп отырды.
　　　　彼は12時間ごとに竹の丈を測っていました．

② 〔=а³ отыр=〕

　　отыр=（座る行為や静的動作）する際に付帯する行為を表す．

　　　Әрқандай істі ой жүгірте отырып істеу керек.
　　　　いかなる事も頭を働かせながら行なわなければなりません．

## 18. сал= 放つ

① 〔=ып³ сал=〕

　　何らかの放つ行為を表す．

　　　Енді қойшыдан сұрағанда, ол да шынын айтып салады.
　　　　次に羊飼いに尋ねると，彼も真実を打明けます．

② 〔=а³ сал=〕

　（1）その行為が，他の行為のついでに行なわれることを表す．

　　　Менің ыдысымды да жуа салсаң қайтеді?
　　　　私の容器もついでに洗ってくれたらどうですか？

　（2）《…した直後に》，《…するなり》の意を表す．

　　　Ол тұра сала, жан жағына сезіктене көз салды.
　　　　彼は起床するや，四方へいぶかしげに思い目をやりました．

## 19. таста= 捨てる

○ 〔=ып³ таста=〕

　（1）実際に捨てる行為を表す．

　　　Ішкен дәріні түгел құсып тастады.
　　　　飲んだ薬を彼はみな吐き出しました．

　（2）その行為が決然と実行されることを表す．

　　　Әкем оған ұрсып тастады.　私の父は彼を叱り付けました．

## 20. тұр= 立つ

① 〔=ып³ тұр=〕

(1) 習慣的行為を，現在進行として表す．

Үзбей хат жазып тұрыңыз.
　あなたは途切れなく手紙をよこしていて下さい．

(2) 断続的[持続的]な行為[状態]を，現在進行として表す．

Қалада электр шамы жарқырап тұрады.
　町では電灯が輝いています．

(3) 〔=ып³ тұрып〕として，転折を表す．

Желім, конверт ала келемін деп тұрып ұмытып қалыппын, осы жерде бар ма?
　糊と封筒を持って来るといっておきながら，私はうっかり忘れてしまいました．ここにありますか？

② 〔=а³ тұр=〕

しばらく[暫時的に]その行為を行うことを表す．

Тоқтай тұрыңызшы!
　しばらく（立ち）止まっていて下さいな！

③ 〔=май⁶ тұрып〕

「…していない」状況下における条件を表示する．

Машина от алмай тұрып жүрмейді.
　機械は火気がないのでは動きません．

## 21. түс= 落ちる

① 〔=а³ түс=〕

その行為の程度が，強化[進展]していったり，いっそう持続してゆくことを表す．

Күннің күркіреуі күшее түседі.
　雷のとどろきがますます強まってゆきます．

② 〔擬音語+ете түс=〕（ете は ет=《する》の未完了副動詞形）

擬音語に表される音を伴なった動作が，突然[不意に]行なわれることを表す．

Ол басын көтере бергенде, ағаштың бұтағы бетіне сарт ете түсті.
彼が頭を持ち上げると，木の枝が彼の顔をピシャリと打ちました．

## 22. шық= 出る

① 〔=ып³ шық=〕
一定の時間をかけて，ある行為が完遂されることを表す．
Мен бұл жұмысты оның көмегінсіз істеп шықтым.
私はこの仕事を彼の助けなしでやりきりました．

② 〔=а³ шық=〕
出る行為に付随して行なわれる行為を表す．
Есікті жаба шығыңыз．　出掛けに扉を閉めて下さい．

【問44】次の文を，補助動詞の各用法に注意して訳しなさい．
1) Ғапу етіңіз, мен келе алмадым.
2) Біз үндемей келе жаттық.
3) Көмектесіп жіберіңізші!
4) Сен кірмей-ақ қой!
5) Ақшаңыз болмаса мен бере тұрайын.

# 第 5 部　不変化詞類

　不変化詞類とは，名詞類にも動詞類にも含まれない，その名の通り，不変化な品詞類の総称です．単独で独立した形で綴られるものの他，助詞類では正書法上，前の語にくっつけて綴られるものもあります．

## 1. 副詞

　カザフ語の副詞は，日本語のそれと同様，動詞(語幹)や形容詞などを前から修飾して，その意味の表す特性を表示します．副詞には，不変化詞類に属する最も多岐にわたる来源を持つ語彙が含まれます．
　他の品詞類同様，単一の形態素からなるものと，派生によるものが見られます．
① 単一の形態素からなるもの
　　қазір 今，үнемі いつも，сәл かすかに，әрең やっと，など
② 派生（〜合成）によるもの
　　жаздыгүні 夏季に（< жаз《夏》＋ +ды（関係形容詞形成接尾辞）+күн《日》＋ +i（三人称所有接尾辞））
　　бірден 突然（< бір《1》＋ +ден（奪格語尾））
　　ауызша 口語で（< ауыз《口》＋ +ша（様式副詞形成接尾辞））
　　өте とても（< өт=《過ぎる》＋=е（未完了副動詞語尾））
　　бір-бірлеп 1つ1つ（< бір《1》＋ +ле=（動詞形成辞）+=п（完了副動詞語尾））
　　дегендей 言うように，相当（< де=《言う》＋=ген（完了形動詞語尾）＋ +дей（形容詞形成接尾辞から副詞への転））
　　бетпе-бет 対面して（< бет《顔》＋ +ма[6]-（「…に」を表す）+бет《顔》）
　　〔形容詞+түрде〕…の有様で，…的に（例；міндетті түрде 絶対に，автоматты түрде 自動的に），など
以上の様に，副詞は様々な接尾辞や語彙などの組み合わせによっても作ら

れます．ただ，副詞相当の働きをする語彙数は，擬音・擬態語等も含め，数こそ多いですが不変化です．個々の意味や文法事項は，その都度習得するようにしましょう．

## 2. 接続詞

接続詞とは，2つ以上の文や語句を文法的・意味的に結びつける働きをする語句です．本書ではその内，文や語句の前に置くものを指します（文や語句の後ろに置いて接続詞の働きをする語（да[4]，және，мен[3]）は，接続助詞です．本書では「助詞」の項目をご覧下さい）．

前後の文脈により，(1) 並立接続詞，(2) 選択接続詞，(3) 逆接接続詞，(4) 原因接続詞，(5) 結果接続詞，(6) 条件接続詞，(7) 換言接続詞などに分類できます．

### (1) 並立接続詞

әрі《且つ》（単独，併用）
    Мақтасы қалың, әрі қиын жылы өзі.
      綿が厚いし，それにとても暖かいよ，それ自体は．
    Ол әрі ақын, әрі жазушы болған.
      彼は，民間詩人であり，且つ作家でした．

сондай-ақ《そして且つ[また]》，《それと同時に》
    Еркін мұғалім, орыс тілін, сондай-ақ ағылшын тілін біледі.
      エルキン先生は，ロシア語と英語を知っています．

тағы《そしてまた》，《更に再び》
    Тағы не істейсіз？ 今度はまたあなたは何をするんですか？

### (2) 選択接続詞

әлде《もしくは》，《か》（単独，併用）
    Сізге, әлде кассаға төлейін бе?
      私はあなたかレジのどちらに支払いましょう？

Ол сенің әлде танысың, әлде досың.
　　彼は君の知り合いか，もしくは友達です．
болмаса 《(そうで) ないならば》,《さもなくば》
　　Жаудың қарамағындағы қорғанда қалу керек пе, болмаса оның шайқасына еру керек пе?
　　敵の管理下にある城塞に残る必要があるのか，さもなくばその戦闘に従う必要があるのか．
не 《もしくは》,《か》(単独, 併用)
　　Маған қарындаш не қалам берші.
　　私に鉛筆かペンをちょうだいな．
　　Бүгін біз не киноға, не театрға барамыз.
　　今日私たちは映画館か劇場へ行きます．
немесе 《あるいは》,《もしくは》
　　Сізде қандай да бір газет немесе журнал бар ма?
　　あなたの元に何か新聞あるいは雑誌はありますか？
я 《あるいは》,《もしくは》(単独, 併用)
　　сөздің жолға сыймаған бір я бірнеше буыны
　　単語の, 行に収まらなかった一音節もしくは数音節
　　Я сен кел, я мен барайын． 或いは君が来い，あるいは私が行こう．
яки 《あるいは》
　　Заводтың машина-жабдықтары өзімізден шыққан ба, яки импорт етілген бе?
　　工場の機器設備は国産ですか，あるいは輸入されたのですか？

**(3) 逆接接続詞**

ал 《しかるに》,《ところが一方》
　　Жаңбыр азайса қуаншылық болады, ал көбейсе су апаты болады.
　　雨が少なくなれば旱魃になります．しかるに増えれば水害になります．
алайда 《でも》,《しかしながら》
　　Болуы ғой болады, алайда ...　良いには良いよ，でも…

әйтсе де《とは言え》,《でも》
　　Қайғыңның ауыр екенін де білеміз, әйтсе де сабыр сақтауың керек.
　　　君の悲しみが辛いのも私たちは分かります．でも君は堪えなくてはいけません．
бірақ《しかし》,《でも》
　　Қараңғы түсті, бірақ көшелерде әлі шам жағылған жоқ.
　　　日が暮れました．でも通りにはまだ明りが灯されていません．
дегенмен《とは言え》,《しかしながら》
　　Дегенмен де мені сабырмен тыңдаңыз.
　　　とは言っても，私の言うことを辛抱強く聞いて下さい．
сонда да《それでも》,《にもかかわらず》
　　Сағат 12 болды, сонда да ешкім әлі ұйықтаған жоқ.
　　　12時になりました．それでも誰もまだ寝ていません．

**(4) 原因接続詞**

өйткені → үйткені
үйткені《なぜなら》,《と言うのも》
　　Біз ағаш түбінде ұзақ отырдық, үйткені жаңбыр қатты жауып тұрды.
　　　私たちは木の根元にて長いことじっとしていました．と言うのも，雨が激しく降っていたからです．

**(5) 結果接続詞**

сондықтан《それゆえ》,《だから》
　　Үшінші қоңырау болды, сондықтан біз залға кірдік.
　　　3回目のベルがありました．だから私たちは大広間へ入りました．

**(6) 条件接続詞**

егер《もし》(主文で онда《それでは》が呼応する場合もあります)
　　Егер сен қиналатын болсаң, онда болды.
　　　もし君が辛くなるのなら，結構です．

### (7) 換言接続詞

атап айтқанда《要するに》,《すなわち》

 Атап айтқанда, мақұл болған кезде ол істі істеуді және істегеннен кейінгі зардабын ескеру тиіс, солай ма?

  要するに，OKする時点でそのことを行なうことと行なった後の結末を思い起こす必要があるということだ，でしょ？

қысқасы《要するに》

 Қысқасы, ол кімнен сұрағысы келсе, содан сұрайды.

  要するに彼は，質問したい人に質問するのです．

яғни《すなわち》,《つまり》

 Сібірдің оңтүстік тарабын, яғни, қазақ даласын жаулап алу мүмкін емес.

  シベリアの南方を，すなわち，カザフ草原を攻略するのは不可能です．

【問45】次の文を，接続詞に注意して訳しなさい．

1) Ол мақала жазып отыр, ал мен газет оқып отырмын.
2) Ол әрі көркем, әрі тез жазады.
3) Сен бар, немесе мен барайын.
4) Ертең я келеді, я келмейді.
5) Мен мектепке келе алмадым, үйткені ауырып қалдым.


## 3. 間投詞

 間投詞は，話し手の様々な気持ちを表します．文の成分にはならず，文中では通常コンマで区切って綴られます．概して，聞き手を想定しない（独り言的な）ものと，聞き手を想定するものの2種類に分かれます．以下，若干のものをまとめて挙げます．

алла　感嘆を表す：《ああ神さま》，《おやまあ》
алло　電話での掛声：《もしもし》
апыр-ай　驚きを表す：《おやまあ》，《何てことだ》
ассалаумағалайкүм　ムスリムの挨拶用語.「アッサラーム・アライクム（あなた(方)の上に平安あれ！)」：《こんにちは》
　＊これに対する返答は，уағалайкүмассалам「ワ・アライクムッサラーム（そしてあなた(方)の上にも平安あれ！)」
әй　人の注意を自らに引き付ける：《ねえ》，《おい》
әне　遠くのものを指し示す：《ほら（あれ）》
әттеген-ай　強い悔しさを表す：《ああ悔しい》
әттең　残念さを表す：《ああ残念だ》
бәлі　賛嘆や喜びを表す：《素晴らしい》，《いいぞ》
бәрекелді　賞賛や皮肉を表す：《すごいぞ》，《でかした》
е　①納得や了解を表す：《なるほど》，《はい》，《へえ》. ②人の注意を自らに引き付ける：《おい》，《ねえ》
ей　人の注意を自らに引き付ける：《おい》，《ねえ》
ех　口惜しみを表す：《ああもう》
ehe　高揚した感情や驚きを表す：《えへ》
жә　仕切り直しを表す：《さて》，《では》，《もう十分だ》
жоқ　否定を表す：《いいえ》
иә　承認を表す：《はい》
кәне　人の注意を促す：《ほら（どれ）》
кеш жарық　晩の挨拶を表す：《こんばんは》
қайыр　別れの挨拶を表す：《さようなら》
қайырлы таң　朝の挨拶：《おはよう》
қап　慨嘆や遺憾を表す：《ちぇっ》，《しまった》
қош　別れの挨拶を表す：《さようなら》
құп　賛同を表す：《よろしい》
мақұл　了承を表す：《よろしい》，《了解した》
масқара　恥辱の思いを表す：《恥ずかしい》
мә　物を差し出す際に発する語：《ほら（取りなさい）》

мәссаған　後悔や驚きを表す：《おやまあ》，《何とまあ》
міне　聞き手に近くのものを指し示す：《ほら（これ）》
ойбай　驚きや狼狽の念を表す：《おやまあ》，《うわっ》
ойпыр-ай　驚きを表す：《何とまあ》
ох　満足や嘆きを表す：《おお》
оу　① 人々の注意を自らに引き付ける：《ねえ》，《おい》．② 満足や驚きを表す：《うわあ》
оһ　困窮や恐怖，喜びを表す：《おお》，《ああ》
ohо　驚きや喜びを表す：《ほほお》，《うふっ》
өй　驚きいぶかる念を表す：《おやまあ》
па　喜びや賛嘆，驚きを表す：《うわあ》，《へえ》
пай-пай　驚きや賛嘆を表す：《おやおや》，《おやまあ》
рақмет　感謝を表す：《ありがとう》
сәлем　会った時の挨拶語：《こんにちは》，《やあ》
ту　① 称賛や驚きを表す．② 不満を表す：《おやまあ》，《何とまあ》
уағалайкүмассалам → ассалаумағалайкүм
уһ　ため息や嘆息を表す：《ふぅ》，《やれやれ》
шіркін　① 強い賛嘆の念を表す：《ああ素晴らしい》．② 痛惜を表す：《実に惜しい》
япырым-ай　驚きや後悔の念を表す：《あれまあ》，《おやまあ》

【問46】次の文を，間投詞に注意して訳しなさい．
1) Әттеген-ай, кешігіп қалдым-ау!
2) Кәне, басыңа киіп көрші.
3) Қап, соңғы автобус кетіп қалды-ау!
4) Ойбай-ау, сағат тоғыз болыпты ғой.
5) Шіркін, бүгінгі кеш қандай әсем еді!

## 4. 挿入語

挿入語は，文の成分にはならず，文中で話し手の様々な観点を付け加える副詞の一種です．文中では，間投詞のように，よくコンマで区切って綴られます．以下，若干のものを挙げます．

айталық 例えば
айтпақшы そう言えば
амал қанша 仕方なく
әйтеуір どのみち，とにかく
әлбетте 当然，もちろん
әрине もちろん，当然
байқаймын 私が思うに
бақытқа қарсы 不幸にも
бақытына қарай 彼は運良く
бәлкім 恐らく
бәсе 案の定，やはり
бір сөзбен айтқанда 一言で言うと
дау жоқ 間違いなく
дұрыс айтқанда 正しく言えば
ең алдымен 先ず最初に

мәселен 例えば
меніңше 私の考えでは
мүмкін 多分，おそらく
оларша 彼らの考えでは
оның айтуына қарағанда 彼が言うには
оның байқауынша 彼の観察では
оның пікірінше 彼の意見では
рас 本当に
сөз жоқ 必ず
сіздіңше あなたの考えでは
сірә 多分，果して
тегі そもそも，一体
тегінде 元来，元々
шамасы おおかた，おそらく
шынында 本当に

【問47】次の文を，挿入語に注意して訳しなさい．

1) Бәлкім, көшеде түсіп қалған шығар.
2) Бәсе, өзім де солай ойлап едім.
3) Мүмкін, ол мені танымас деп ойладым.
4) Сөз жоқ, сен онан кешірім сұрауға тиістісің.
5) Шынында да, осы рас болу керек.

## 5. 後置詞

後置詞とは，英語などの前置詞に対する用語です．前置詞とは逆に，後置詞は名詞類の後に置かれて，その名詞類との様々な文法関係を表示します．カザフ語の後置詞は，借用語起源のものも少数ありますが，多くは名詞類や動詞類に由来するものです．

後置詞は，支配する格によって5種に分類できます．(1) 主格支配，(2) 属格支配，(3) 与格支配，(4) 奪格支配，(5) 助格支配です．

### (1) **主格支配**

арқылы
① 《…で》, 《…によって》, 《…を通じて》(道具[手段]を表す)
  Радио арқылы күнбе-күн байланысып тұру керек қой.
   無線で毎日連絡している必要があるでしょ．
② 《…を通って》(経由[通過点]を表す)
  Совет ұшқыштары Солтүстік полюс арқылы Америкаға ұшты.
   ソビエトの飛行士たちは，北極を通ってアメリカへ飛びました．

бойы 《…の全時間的過程を通じてずっと》
 (1) 〔時を表す名詞+〕
  жыл бойы 一年を通じて，күн бойы 一日中，жол бойы 道中を通じて，өмір бойы 生涯
 (2) 〔=ған$^4$+〕
  Ол кеткен бойы келген жоқ.
   彼は行ったきり戻って来ていません．

бойынша
① 《…に基づいて》, 《…に従って》
  Жазу ережесі бойынша жазыңыздар!
   皆さんは書き方の規則に従って書いて下さい！
② 《全…的に》
  мектеп бойынша 全校的に，мемлекет бойынша 国を挙げて

етіп 《…として》
  Домбырасын қару етіп, өнер күшімен қиындықтарға қарсы күресті.

彼はドンブラを武器として、技能の力で諸困難に対抗しました．

жайлы《…に関して(の)》

　Кеше мұғалім де класымызға ұлттық ынтымақ мәселесі жайлы сөз сөйледі．

　昨日先生も私たちのクラスに民族団結の問題についての話をしました．

жайын《…に関することを》

　Сіз маған мал бағу жайын таныстырсаңыз қайтеді?

　あなたは牧畜について紹介してくれませんか？

жайында《…に関して》

　Сіздің келетініңіз жайында ол маған ешнәрсе деген жоқ．

　あなたが来ることについて彼は私に何も言っていません．

жолында《…のために》（政治な文に用いられる）

　Ұлттар ынтымағын күшейту жолында не істеуіміз керек?

　民族団結を強化するために我々は何をすべきですか？

жөнінде《…について》，《…に関して》

　Олар ешкім жөнінде ештеңе айтпайды．

　彼は誰についても何も話しません．

жөніндегі《…についての》，《…に関する》

　Дауыссыз дыбыстардың ықпалы жөніндегі құбылыстарды біліп алу керек．

　子音の同化に関する現象を知得する必要があります．

жөнінен《…にとって》，《…に関して》（後にалғандаを伴なう場合もあります）

　Жау адам саны жөнінен бес есе артық, ал қару-жарақ жөнінен жиырма-отыз есе басым болды．

　敵は人数に関しては5倍多く，一方武器に関しては2,30倍優勢でした．

құрлы《…と同程度の》（比喩的に）

　Мың жылқыны бір уыс бидай құрлы көрген жоқ, бір-ақ сыпырып кетті．

1000頭の馬群を一握りの小麦ほどにも見ずに，一気に掻っ攫って行きました．

ретінде《…として》

　Ол уәкіл ретінде жиынға қатынасты．
　彼は代表として会議に参加しました．

сайын《…ごとに》，《毎…に》

　(1)〔時を表す名詞+〕

　　күн сайын 毎日，сағат сайын 1時間毎に

　(2)〔=ған⁴+〕

　　Орман ағаштары сіреген сайын, жер бетіндегі ай сәулесі де молая түсті．
　　森の木々がまばらになるごとに，地面の月光もどんどん増していきました．

себебінен《…の理由で》

　Қызмет қарбалас болғандығы себебінен, сендерге хат жаза алмадым．
　仕事が忙しかったので，君たちに手紙を書けませんでした．

себепті《…の理由で》

　Ауырғаным себепті бір неше күн келе алмадым．
　私は病気になったので何日か来れませんでした．

секілді《…の様な》

　Қар секілді аппақ．　雪のように真っ白です．

сияқты → секілді

соң〔=ған⁴+〕

① 《…した以上》

　Қате істегеніңді білген соң табанда түзетуің керек．
　間違いを認識した以上，君はすぐ直さなくてはいけません．

② 《…したので》

　Билет болмаған соң залға кіре алмадық．
　私たちは切符がなかったので，ホールへ入れませんでした．

сықылды → секілді

сынды《…といった》，《…等の》

Токио және Осака сынды үлкен қалалар
東京および大阪といった大きな都市

тәрізді《…の如き》,《…の様な》

Айта берсе, ол сенің жақын адамың, тіпті туысың тәрізді болып тұрады.
更に言えば、それは君の身近な人で、実に親族のようにさえなっています。

туралы《…について》,《…に関して》

Мен сізден дін туралы кейбір ахуалды сұрап ұғуға келдім.
私はあなたから宗教について若干の状況を尋ね、理解するために来ました。

тұрмақ《…のみならず》,《…どころか》( = түгіл)

Қарағайларға ұялаған қою тұман ешкі тұрмақ, түйені де көрсетер емес.
松林に立ち込めた濃い霧は、ヤギのみならずラクダをも見せはしません。

түгіл《…のみならず》,《…どころか》( = тұрмақ)

Ауру түгіл дәнемем де жоқ. Сап-саумын.
病気どころか何もありません。私は健康そのものです。

үшін

① 目的を表す：《…のために》

　(1) 〔名詞 + 〕

　　Мен сен үшін бардым。　私は君のために行ったのです。

　(2) 〔=у² + 〕《…するために》/ 〔=май⁶ / =мас⁶ + 〕《…しないために》

　　Мен кітап сатып алу үшін магазинге барамын.
　　　私は本を買うために店に行きます。

② 対象を表す：《…にとって》

　Темекі денсаулық үшін зиянды.
　　タバコは健康にとって有害です。

③ 理由を表す：《…ゆえに》

　(1) 〔名詞 + 〕

　　Ол ерлігі үшін орден алды.

— 126 —

彼はその勇敢さ故に勲章をもらいました．
(2) 〔=ған⁴(дық²)+所有接尾辞〕
Ол ақысыз жұмыс істегені үшін, бай оған кітаптарын оқуға берді.
彼は無報酬で仕事をしたので，金持ちは彼に本を読むために与えました．

### (2) 属格支配

арқасында《…のお陰で》
Сіздің арқаңызда үй салып алдым.
あなたのお陰で私は家を建てました．
кесірінен《…のせいで》
Менің кесірімнен кешігіп қалдыңыз.
私のせいであなたは遅れてしまいました．
салдарынан《…のせいで》
Соғыстың салыдарынан мүгедек болды.
彼は戦争のせいで不具者となりました．

### (3) 与格支配

байланысты
① 《…の関係で》《…にちなみ》
Ол әке-шешесінің қызмет ауыстыруына байланысты Алматыға кеткен.
彼は両親の転勤でアルマトゥに行きました．
② 《…につれて》
Жағдайдың дамуына байланысты біздің міндетіміз ауырлай түсті.
状況の進展につれ，我々の任は益々重くなっていきました．
бола《(もっぱら) …のために》
Әр күні үй шаруасына бола күйбеңдей берудің қажеті не?
毎日家事にばかりあくせくする必要は何ですか？
деген《…に対する（思い）》
дінге деген наным　宗教に対する信仰心
дейін《(時間[空間]的に) …まで》

Ол осы күнге дейін өз құнын жойған жоқ.
それは今日まで自らの価値を失ってはいません.

деп《…用にと（思って）》,《…のためにと（考えて）》
қысқа деп әзірленген шөп　冬用にと準備された牧草

қарай
① 《…へ向かって》
Түске қарай қатты ысыды.
正午に向けてひどく暑くなりました.
② 《…に応じて》,《…によって》
Сан есімдер мағынасына қарай алты түрге бөлуге болады.
数詞は意味に応じて6種類に分けることができます.

қарап
① 《…へ向かって》
Ол қалаға қарап кетті.　彼は町へ向かって出かけました.
② 《…に応じて》,《…を見て》
ахуалға қарап жоспар жасау　状況に応じて計画を作る

қарағанда
① 《…に比べると》
Олар металға қарағанда жоғары жылулыққа әлдеқайда төзімді келеді.
それらは金属に比べると高温にはるかに耐性があります.
② 《…によると》
Балгерлердің айтуына қарағанда жолбарыстың сүтін ішсем жазылатын түрім бар.
占い師たちが言うには，トラの乳を飲めば私は治る相があるとのことです.

қарамай《…に関わらず》
Бай-жарлы, жақсы-жаман болуыңызға қарамай сізге тиеді.
あなたが金持ちか貧乏人か，善人か悪人かに関わらず，彼女はあなたに嫁ぎます.

қарамастан《…にも関わらず》
Отыз екі жасқа келгеніне қарамастан, осы жазда оның самайына ақ

кірді.
　　32才にも関わらず，この夏彼のこめかみに白髪が混じりました.

қарсы
① 《…に反対して》
　　Басмашыларға қарсы соғысты.
　　彼はバスマチたちに対抗して戦いました.
② 《…に対面して》
　　Келе жатқан адамдарға қарсы жүрдім.
　　やって来ている人たちへ向かって私は歩きました.

орай 《…に際して》,《…にちなんで》,《…に合わせて》
　　Соған орай тілдегі дыбыстар да әр түрлі болады.
　　それに応じて言語における音声も様々となります.

сай 《…に依拠して》
　　Үндестік заңына сай қазақ тілінің байырғы сөздері не бірыңғай жуан,
　　не бірыңғай жіңішке болады.
　　母音調和の法則に基づいてカザフ語本来の単語は，一様に広母音か，
　　一様に狭母音となります.

салым 《…間近の頃(の)》（ふつう四季を表す語と共に）
　　көктемге салым　春間近の頃

сәйкес 《…に照らして》,《…に基づいて》
　　Қазақстан Республикасының заңдылығына сәйкес ...
　　カザフスタン共和国の法令に則って…

таман （(時間[空間]的に) 近づいて来ることにつき）
① 《…に向かって》
　　Түлкі тауыққа таман жылжый түсті.
　　キツネはニワトリにどんどん近づいていきました.
② 《…近くに》
　　Кешке таман қатты жаңбыр жауды.
　　晩方近くにひどく雨が降りました.

тарта 《…くらいの》
　　Жиырма-отызға тарта сауын сиыры бар.

カザフ語文法読本

   彼には20～30頭くらいの乳牛がいます．
шейін → дейін

### (4) 奪格支配
ары → әрі
әрі（時間 [ 空間 ] 的に）
① 《…よりあちら側に》，《…より先に》
  Бұл мәселені жылдан әрі жібермеу керек．
  この問題を1年より先に延ばしてはいけません．
② 《…以上》
  оннан әрі　10以上
басқа 《…以外》
  бұдан / мұнан басқа　これ以外，онан басқа　それ以外
бері 《…以来》
  былтырдан бері　昨年来，көптен бері　ながらく
бетер 《…より更に（ひどく）》
  Жаңағыдан бетер жылап кетті．
  彼女は先ほどよりも更に泣いてしまいました．
бұрын 《…より前に》
  Сенен бұрын келді．　彼は君よりも先に来ました．
гөрі 《…よりも》（比較を表す）
  Бізден гөрі ол жақын．　私たちより彼は近いです．
кейін 《…より後に》
  аздан кейін　しばらくして，содан кейін　それ以後
қарағанда 《…から見ると》，《…から判断すると》
  Лексикалық тұрғыдан қарағанда, олардың көне қабаттары негізгі де ұйтқы тірек боп табылады．
  語彙的見地から見ると，それらの古い層は，基本的で根源的な柱となっています．
соң 《…の後》（完了形動詞以外の後で）
  аздан соң　しばらくしてのち，бір сағаттан соң　1時間後

сырт《…以外に》,《…のほかに》
　　бұдан сырт　そのほかに
тыс《…以外に》,《…のほかに》
　　мұнан тыс　これ以外に
ілгері《…前に》
　　Тауға шығудан ілгері олар не тамақ ішіпті?
　　山へ登る前に彼らは何の食事を食べたそうですか？

### (5) 助格支配

бірге《…と一緒に》
　　Мен сізбен бірге барайын.　私はあなたと一緒に行きます.
қабат《…と共に》,《…と同時に》
　　сонымен қабат　それと同時に
қатар《…と同時に》,《…と並んで》,《…と共に》
　　Ол ана тілімен қатар араб, парсы, грек және басқа бірсыпыра тілдерді білген.
　　彼は母語と並んで，アラビア語，ペルシア語，ギリシア語および他の相当数の言語を知っていました.

【問48】次の文を，後置詞に注意して訳しなさい.
1) Онымен телефон арқылы сөйлестім.
2) Шайдан гөрі, егер бар болса, айран беріңіз.
3) Сен кешке дейін қайтып кел.
4) Білмеймін деген соң білмеймін!
5) Мен кітап сатып алу үшін магазинге барамын.

カザフ語文法読本

## 6. 助詞類

　助詞とは，語句や文の後に添えられて用いられる，活用しない付属性の語彙類です．現れる位置から見れば，文中で語句に添えられて用いられる「文中助詞」と，文末で用いられる「文末助詞」に大別されます（若干のものは，文中にも文末にも現れます）．綴り方も，前の語と離して綴るものと，くっつけて綴るものがあります．くっつけて綴るものにも，ハイフンを使うものと使わないものなどがあり，様々です．
　以下，(1) 人称助詞，(2) 助動詞，(3) その他の助詞，の順にカザフ語の助詞類を確認します．

### (1) 人称助詞

　人称助詞とは，人称を表示する文末助詞です．《(私は) …です》，《(君は) …です》，《(あなた方は) …です》等の意で用いられます．一・二人称が主語となる文では，人称代名詞は省略されても，通常人称助詞は省略できません．
　以下の表に示すように①（名詞類・不変化詞類人称助詞）と，②（副動詞人称助詞）の2タイプに分類できます（とは言え，②に三人称用の助詞が加わった点が異なるのみで，他は①の音声的バリエーションです）．アクセントは通常，人称助詞には移りません．

① 名詞類・不変化詞類人称助詞
　(1) 名詞類・不変化詞類人称助詞：

| 数＼人称 | 単数 | | | 複数 | | |
|---|---|---|---|---|---|---|
| 一人称 | 母音と，ж, з以外の有声子音の後 | ж, зの後 | 無声子音の後 | 母音とж, з, м, н, ң以外の有声子音の後 | ж, з, м, н, ңの後 | 無声子音の後 |
| | +мын / +мін | +бын / +бін | +пын / +пін | +мыз / +міз | +быз / +біз | +пыз / +піз |

— 132 —

| 二人称 | 親称 | +сың / +сің | +сыңдар / +сіңдер |
|---|---|---|---|
| | 敬称 | +сыз / +сіз | +сыздар / +сіздер |
| 三人称 | | ― | |

各人称代名詞に，上述の人称助詞を付加すると，以下のようになります．

  менмін 私です   бізбіз 私たち 〃
  сенсің 君 〃    сендерсіңдер 君たち 〃
  сізсіз あなた 〃   сіздерсіздер あなたたち 〃
  ол 彼(女) 〃    олар 彼ら 〃

 Ендеше, сол Сәкен – менмін, – дедім.
 「では，そのサケンというのが私です．」と私は言いました．
 Колхоз председателінің орнында қазір сенсің ғой.
 コルホーズ議長の座にいるのは，今は君だろ．

＊名詞の格の主格で若干言及しましたが，一・二人称代名詞が文の主語でなくトピック（話題）の場合，人称助詞は省略されます．

 Егоров сіз бе? – Иә, менмін.
 「エゴロフとはあなたですか？」–「はい，私です．」
 上例では，сіз に対する人称助詞（+сіз）が省略されています．

また，その否定形は，否定助詞 емес《…ではない》に，名詞類・不変化詞類人称助詞が付加され表されます．

(2) 名詞類・不変化詞類人称助詞：否定形

| 人称 \ 数 | | 単数 | 複数 |
|---|---|---|---|
| 一人称 | | емеспін | емеспіз |
| 二人称 | 親称 | емессің | емессіңдер |
| | 敬称 | емессіз | емессіздер |
| 三人称 | | емес | |

 мен емеспін 私ではありません  біз емеспіз 私たち 〃

カザフ語文法読本

```
сен емессің    君  〃        сендер емессіңдер  君たち  〃
сіз емессіз    あなた  〃     сіздер емессіздер  あなたたち  〃
ол емес        彼(女)  〃      олар емес          彼ら  〃
```

② 副動詞人称助詞

　副動詞人称助詞は，完了副動詞（=ып³）と未完了副動詞（=a³）の文末述語用法（〜終止形）で用いられる際の人称助詞です．
　音節末における音声的条件に従い，2タイプに分類されます．
　(1) 完了副動詞（=ып³）＋副動詞人称助詞
　(2) 未完了副動詞（=a³）＋副動詞人称助詞

(1) 完了副動詞人称助詞：

| 人称＼数 |      | 単数           | 複数               |
|---|---|---|---|
| 一人称 |      | +пын / +пін    | +пыз / +піз        |
| 二人称 | 親称 | +сың / +сің    | +сыңдар / +сіңдер  |
|        | 敬称 | +сыз / +сіз    | +сыздар / +сіздер  |
| 三人称 |      | +ты / +ті [注]                      ||

注）+ты / +ті は，疑問詞を使わない疑問文で па / пе（疑問助詞）に置き換わります．
（一・二人称ではふつう人称助詞の後に疑問助詞が付きます）．
　　　　Ол кетіпті．　→　Ол кетіп пе？
　　　　彼は行きました．→　彼は行きましたか？


(2) 未完了副動詞人称助詞：

| 人称＼数 |      | 単数            | 複数               |
|---|---|---|---|
| 一人称 |      | +мын / +мін [1] | +мыз / +міз        |
| 二人称 | 親称 | +сың / +сің     | +сыңдар / +сіңдер  |
|        | 敬称 | +сыз / +сіз     | +сыздар / +сіздер  |
| 三人称 |      | +ды / +ді [2]                        ||

— 134 —

第5部　不変化詞類

1) +мын / +мін は，=a / =e に続く時，+м に短縮される場合もあります．
   Маған ертең әкеліп бере<u>м</u> деген кітабыңды ұмытпа.
   私に明日持って来てくれると言った君の本を忘れるな．

2) +ды / +ді は，非疑問詞疑問文で疑問助詞（па / пе）に置き換わります（一・二人称ではふつう人称助詞の後に疑問助詞が付きます）．
   　　　Ол кеte<u>ді</u>.　→　Ол кете ме?
   　　　彼は行きます．　→　彼は行きますか？

【問49】次の文を人称助詞に注意して訳しなさい．
   1)　Қанша жаста<u>сың</u>?
   2)　Мен асығыс<u>пын</u>.
   3)　Сіздер таныс емес<u>сіздер</u> ме?
   4)　Біз мұнда жұмыспен жүр<u>міз</u>.
   5)　Ол менен жас.

### (2) 助動詞

　助動詞とは，「動詞由来の助詞（終助詞）」です．現在進行を表す4つの補助動詞 жат=, жүр=, отыр=, тұр= からの派生語である жатыр, жүр, отыр, тұр の4つがあります．他の語の後に置かれて，基本的に全て現在進行を表します．人称と時制は，人称助詞または еді などによって表示されます．

1. жатыр [ʒatr]　横たわっている；…している
① 〔жатыр〕（単独用法）
　（生物・無生物に関わらず）ある場所に，横たわる感じで，位置[存在]している様を表す．
　　　Ол төсекте жатыр.　彼は寝床の上に横たわっています．
② 〔=ып³ жатыр〕（ただし，бар= / кел=（縮合動詞 апар= / әкел= も含む）以外の場合のみ）
　（その場で）行為が進行している様を表す．
　　　Шешем киім тігіп жатыр.　私の母は服を縫っています．

カザフ語文法読本

③ 〔=a³ жатыр〕（ただし，бар= / кел=（縮合動詞 апар= / әкел= も含む）の場合のみ）
「行く」，「来る」につき，行為が進行していることを表す．
　Поезд жүріп бара жатыр.　列車が走って行っています．

2. жүр 動いている
① 〔жүр〕（単独用法）
　(1) 走っている様を表す．
　　Безек қағып екі машина жүр.　ビューンと2台の車が走っています．
　(2) 移動や，動作があくせく行われている様を表す．
　　Ол қайда жүр?　彼はどこに（行って）いるのか？
② 〔=ып³ жүр〕
　(1) その行為が，日頃，習慣的に，身体的動きを伴いながら現在進行していることを表す．
　　Қазір нешінші сыныпта оқып жүрсің?
　　　今君は何年生で学んでいますか？
　(2) 移動や，動作があくせく行われている様を表す．
　　Сен неғып жүрсің?
　　　君は今何をして（移動して）いますか？

3. отыр [ɔtr] 座っている
① 〔отыр〕（単独用法）
　ある場所に，座っていることを表す．
　　Бала орындықта отыр.　子供は椅子に座っています．
② 〔=ып³ отыр〕
　座って行なったり，思索や静穏な動作[存在]を表す．
　　Мен ертең таңертең баруды ойлап отырмын.
　　　私は明朝発つことを考えています．

4. тұр 立っている
① 〔тұр〕（単独用法）
　(1) 立っている様を表す.
　　　Газет алу үшін кезекте тұрмын.
　　　　私は新聞を買うために列に並んでいます.
　(2) 存在を表す.
　　　Көңілінің бір бұрышында басқа бір ой тұр.
　　　　彼の心の片隅には別の考えが存在しています.
　(3) 形容詞とともに用いられて，そうある様を表します.
　　　Үйдің есігі ашық тұр екен.
　　　　家の扉は開いているではないか.
② 〔=ып³ тұр=〕
　(1) その行為を立って行っている様を表す.
　　　Тыста біреу сізді шақырып тұр.
　　　　外で1人誰かがあなたを呼んでいます.
　(2) 持続的［断続的］行為の行なわれる様［状態］の現在進行を表す.
　　　Терезе алдына күн түсіп тұр.
　　　　窓の前に日光が差しています.

【問50】次の文を，助動詞に注意して訳しなさい.
1) Сендер не істеп жатырсыңдар?
2) Самолёт ұшып бара жатыр.
3) Бір кішкене күшік судан шыға алмай жатыр.
4) Балалар алма теріп жүр.
5) Екі-үш күннен бері тамаққа зауқым болмай жүр.
6) Үйренуден сырт сен тағы не істеп жүрсің?
7) Ол шайханада шай ішіп отыр.
8) Жаңа ғана сен туралы айтып отыр едік.
9) Олар далада әңгімелесіп тұр.
10) Сен мені танымай тұрсың ба?

カザフ語文法読本

## (3) その他の助詞

以下，その他の助詞をアルファベット順に示します．

-ай［驚嘆助詞］
① 《(実に)…だなあ》：語の後ろに付けて驚嘆を表す．
　　Неткен тамаша, шіркін-ай.　何と見事だ，素晴らしいなあ．
② 《…や/よ》：親しみを込めた呼掛けを表す．
　　Құдай-ай, бұл не дегені!　おお神よ，彼は何を言ったんだ！
-ақ［強意助詞］《全く…》：語の後ろに付けて強意を表す．
　　Мен үшін өте өкінішті-ақ.　私にとってとても残念至極です．
　　Есіме түссе-ақ айтамын.　私は思い出したらすぐ言うよ．
　＊形容語は，-ақ が付いても後続の名詞を修飾します．
　　Адам бір-ақ рет туады, бір-ақ рет өледі.
　　人は1度きり生まれ，1度きり死にます．
-ау［感嘆助詞］
① 《…だなあ》：語末や文末で感嘆の語気を表す．
　　Сізді әурелей беретін болдым-ау.
　　私はあなたを煩わせてしまうことになりましたね．
　　Ойбай-ау, қаптағы ұнның жартысы жоқ.
　　あれまあ，袋の中の小麦粉の半分が無い．
② 《…や/よ》：呼掛けを表す．
　　Итеке-ау, Итеке! – деді ол Итбайды оятып.
　　「イッちゃんや，イッちゃん！」と彼はイトバイを起こして．
ә［確認助詞］《…だよね？》：文末で，話者の発言に対する聞き手の同意を確認する．（ә は前の語にくっつけて発音します）
　　Су әкелуді қиынсынып тұрсың-ау, ә?
　　君は水の運搬を億劫がっているんだ，だろ？
бар ғой［取立助詞］《…はね》：口語で，トピックを取立てる．
　　Қарашы өзің! Мұнау бар ғой, мен бұрын саған айтқан оның суреті.
　　見てみなよ君！これはね，私が以前君に話した彼の写真です．
білем［一人称推量助詞］《…だろう》（単純過去にも後置可）

Сөз кезегі енді маған келді білем.
　　話す番は次は私に回って来たようだな.

болар［推量助詞］《…であろう》(この болар は，болу の予期形動詞形の「将来性」が退化した際のもの)

　　Менің келетінім туралы ол саған айтқан болар.
　　私が来ることについて彼はあなたに話したでしょう.

ғана² (ғана / қана)［限定助詞］
① 《…だけ》，《…のみ》：語末に付して限定を表す.
　　Олардың жалғыз ғана ұлы бар.
　　彼らには1人だけ息子がいます.
　＊［тек А ғана²］《単にАだけ》のように，副詞 тек と呼応して用いられることも多いです. また，тек қана は《単に》，《たった》という副詞として，語の前に置いて用いられます.
② 《ごく…な》：若干の形容詞や副詞に後置し親愛の情を添える.
　　кішкене ғана　　ごく小さな，ちっちゃな
　　жұмсақ қана　　ごく柔らかな，ふんわりとした
　　ақырын ғана　　ごくゆっくりと

ғой² (ғой / қой)［喚起助詞］
① 《…だよ》，《…じゃない》：文末に置いて，聞き手の注意を喚起する.
　　Жоқ қой.　ないじゃないですか.
　　Нан көгеріп кетіпті ғой.
　　ナンが青くかびちゃってるじゃないか.
② 《…はね》：前の語を取立てて強調する.
　　Ол ғой солай, әйтсе де іштей қатты асығудамын.
　　それはそうですが. とは言え，私は内心ひどく焦っています.
③ ［=уы(н)⁴ ғой］ / ［=уын⁴ да² ғой］ / ［=уда⁴ ғой］《…するにはするが（しかし）》：譲歩文を強調し取立てる.
　　Болуын ғой болады, алайда ...
　　いいにはいいんだが，しかし...
　　Алуын да ғой алдым.　私は買うには買いました.
　＊補助動詞 қою の命令形の一用法［=а³ ғой］《…しなよ》と混同しないよ

カザフ語文法読本

うに.
ғой[2] деймін《私は…だと思う》：話者の主張を取立てる.
 Ана жақта ғой деймін. あっちだと思いますよ.
да[4]（да / де, та / те）
① ［強調助詞］
 (1)《…も》：強調を表す.
  Мен де барамын. 私も行きます.
 (2)《…も…も》：並列を表す.
  Олар мектепте де, көшеде де бірге жүреді.
  彼らは学校でも通りでも一緒に行動します.
 (3)《…だよ》：文末で強調を表す.
  «Мысыққа – ойын, тышқанға – өлім» деген осы да.
  「ネコにとっては遊びでも，ネズミにとっては死」（諺）とはこのことだ.
 (4) 性質を並列［対比］する
  (a)《…であり（かつ…)》
   Теңіз шетсіз де шексіз болады. 海は広大無辺です.
  (b)《(一方は) …ではあるが (他方は…)》
   Сәні бар да мәні жоқ.
   華やかさはあっても内容はない（見掛け倒しだ).
② ［接続助詞］
 (1) 同時進行する動作を並列する.
  (a) 主語が違う場合：《(一方は) …し (他方は…する)》
   Әкесі газет оқыды да, баласы сабақ дайындады.
   父親は新聞を読み，子供は授業の勉強をしました.
  (b) 主語が同じ場合：《…し (…する)》
   Жинақтық сан есімдер әдетте зат есімдермен тіркеспей, жеке қолданылады да, заттанып тұрады.
   集合数詞はふつう名詞とは修飾関係を結ばず，単独で使われ，名詞化しています.
 (2)《(…し) そして (…する)》：動作発生の順序を表す.

Бала бөлмеге кірді де есікті жапты.
　　　　子供は部屋に入り扉を閉めました.
　(3)《(…すると) すぐに (…する)》：初めの動作に続く次の動作の発生が迅速であることを表す：〔本動詞＋да⁴＋完了相(補助)動詞〕
　　　Кішкентай бақаның бірін оның сумкасына сүңгіттім де жібердім.
　　　　私は小さな蛙の1匹を，彼女のバッグにさっと潜り込ませました.
　(4)《(ずっと) …している》：動作の持続を表す：〔本動詞終止形＋да⁴＋現在進行の補助動詞〕
　　　Үйдегі мысықтар ертеңнен кешке дейін «жуынады» да жатады.
　　　　家猫たちは朝から晩まで「沐浴して」ばかりいる.

де［得心助詞］《…ってわけだ》：文末に置いて，話者の今し方やっと納得した気持ちを表す（де は де＝《言う》の命令形）.
　　　Е, солай де. へえ，そういうことなんだ.

деген《…はと言えば実に…》，《…ときたら全く…》：主語を取立て強調する（деген は де＝《言う》の完了形動詞形）.
　　　Адам деген лық толы.　人と来たら全く超満員だ.
　　　Бұл жерде қой деген баршалық.
　　　　ここには羊なんぞいくらでもいます.

екен［発見・伝聞助詞］（е＝《…である》の完了形動詞形より）
① 《…なんだ》：文末に置いて，自己の経験した事柄に対する発見や詠嘆を表す．疑問文は，自他へ向けて，その疑問に対する相談を持ちかけるニュアンスを表す.
　＊疑問助詞 (ма⁶) はекенに先行します.
　＊екенмін《私は…なんだ》はекемと短縮される場合があります.
　　　Кім екен десем сен екенсің ғой!
　　　　誰かと思えば君じゃないか！
　　　Мен не қылар екем, соны қара!
　　　　私がどうするか，君はそれを見てろ！
② 《…なんだって》：文末に置いて，他者からの伝聞による発見と，自他への伝達を表す.
　　　Бұл кітап таусылып кетті, естуімше ол қайта басылады екен.

　　　　　この本は，売り切れてしまいました．私が聞くところによれば，それ
　　　　　は再び印刷されるそうです．
③《…であること》→「名詞類　7.екен」を参照のこと．
екен де(ші)《…ってなわけなんだ(ね)》：文末に置いて，話者の納得した心
　境を詠嘆的に表す（де は де=《言う》の命令形）．
　　　　　Сен дәл уағында барған екенсің де.
　　　　　君はちょうどいい時期に行ったてなわけだね．
　　　　　Осылай екен деші!　そういうことだったんだね．
емес［否定助詞］《…ではない》：文末に置いて否定を表す．
　　　　　Істей алмайды емес, істемейді.
　　　　　彼は出来ないのではありません，しないのです．
емес пе［反語助詞］《…じゃないか》：文末に置いて反語を表す．
　　　　　Мен оған қатынасып қайтып келген емес пе?
　　　　　私はそれに参加して帰って来たんじゃないですか．
және［等位接続助詞］《および》，《そして》：単語同士のみならず，述語同
　士も結ぶ（ちなみに，А, Б, В が名詞の時，〔А және Б〕の және は мен³ と
　交換可．〔А, Б және В〕の және は мен³ とは交換不可）．
　　　　　Менде қалам және қарындаш бар.
　　　　　私のもとにはペンと鉛筆があります．
　　　　　Олар бірге оқиды және бірге ойнайды.
　　　　　彼らは一緒に学びます，そして一緒に遊びます．
ма⁶（ма / ме, ба / бе, па / пе）［疑問助詞（独立形）］《…か？》：疑問代名詞
　を用いない疑問文の文末で，疑問の語気を表す．
　　　　　Сен ертең келе аласың ба, жоқ па?
　　　　　君は明日来られるか，どう？
　　　　　Сәлеметсіз бе!　こんにちは！（← あなたは元気ですか？）
　＊特に口語において，疑問代名詞が特定の名詞の代替語として暫時的に用
　　いられた場合には，疑問助詞は現われます．
　　　　　Кім келді ме, әлгі Садық?　あの人来た？ええと，サドゥクは．
мен³（мен / бен / пен）［等位接続助詞］《…と》：2つの名詞を結ぶ．
　＊この мен³ は本来，助格と同じものですが，この用法では名詞と離して

綴ります．

 Оқушы қарындаш пен қалам сатып алды．
  生徒は鉛筆とペンを買いました．

+мы[6] (+мы / +мі, +бы / +бі, +пы / +пі)［疑問助詞（前接形）］《…か？》: 後に二人称助詞（多く親称）を従え親近の情のある疑問の語気を表す．

 Жеймісің? 君は食べるかい？
 Аманбысың! 元気かい！（←君は元気かい？）

+мыс / +міс → -мыс / -міс

-мыс[2] (-мыс / -міс)［伝聞・嘲笑助詞］《…だそうだ》

① 《…だそうだ》,《…とさ》: 伝聞を表す．
 Жұмыртқаларын да сонда салады-мыс және көп емес, екеу-ақ.
  彼らの卵もそこで産むそうで，それも多くはなく 2 個だけだと言う．

② 《(よくも) …だそうだ》: 伝聞に対する懐疑の念や揶揄，嘲笑を表す．
 Ол соны да білмей тұрып, жиырма жылдар бойы мұғалімдік істеп келді-міс.
  彼はそんなことも知らないくせに，20 余年の間教師をしてきたんだってさ．

ше ［催促助詞］(cf.+шы / +ші)

① 《…はどうなのか》: 文末で催促や強調，提起を表す．
 Өзің ше? 君自身はどうなの？
 Ал бала он жыл бойы үзбей теледидар көрсе ше?
  なら子供が 10 年間たえずテレビを見たらどうなの？

② 〔=мағанда[6] ше〕《…しないことがあろうか（もちろんそうした）》: 反問を表す．
 Бай қуанып кетеді. Қуанбағанда ше! Ақысыз жалшы табылды.
  金持ちは喜びます．喜ばないことがありましょうか！タダで使用人が見つかったのです．

+шы / +ші ［催促助詞］(cf.ше)

① 《…しなよ》: 動詞の命令形に付けて，催促や提起を表す．
 Мен айтайыншы. 私が言いますよ（〜私に言わせてよ）．
 Айғайламашы! 大声を出すなよ！

② 《…すればどうなのか》：動詞の条件形に付けて提起を表す.
　　Сен жатып дем алсаңшы.　君は横になって休憩したらどう.
шығар［推量助詞］《(多分)…だろう》：文末で推量[推測]を表す（終止形には付かない）.
　　Мен барып көрейін, бәлкім үйінде шығар.
　　私は行ってみよう，多分彼は自宅でしょう.
　　Олар шаршаған-ақ шығар.　彼らはさぞ疲れただろう.

【問51】次の文を，助詞に注意して訳しなさい.
1) Бұл бала сотқар-ақ екен.
2) Біреу бар ғой деймін.
3) Сен жақсы да, мен жаман ба?
4) Мұғалім класқа кірді де сабақ бастады.
5) Өте дәмді екен.
6) Бәрібір емес пе?
7) Осыншалық қана қалды, жетпес пе екен?
8) Сен түн бойы ұйықтамағанбысың?
9) Ол атқа да міне алмай тұрып бұрын батыр еді-міс.
10) Болмағанда ше!

# 第 6 部 読本

## 【第1課】

### Түйе

Төрт түліктің төресі – түйе. Түйе – таптырмас көлік. Оның еті – тамақ, шұбаты – сусын, жүні – киім. Түйе шөлге өте төзімді. Ол қос өркешті және сыңар өркешті болады. Сыңар өркешті түйені «нар» деп атайды. Түйе екі жылда бір боталайды.

[*Ана Тілі* 1, pp.25~26]

### 【単語】

төрт 4. түлік 家畜. төре 長，お偉方. түйе ラクダ. таптырмас 得がたい. көлік 乗物. ет 肉. тамақ 食物，ごはん. шұбат ラクダの発酵乳. сусын 飲料. жүн 獣毛. киім 服. шөл 砂漠. өте とても. төзімді 忍耐強い. қос 一対の，ペアの. өркеш （ラクダの）瘤. және 及び. сыңар 片一方の. болады ある，いる. нар ヒトコブラクダ. деп …と言って. атайды （名称で）呼ぶ. екі 2. жыл 年. бір 1. боталайды （ラクダが）仔を産む

## 【第2課】

### Су құстары

Әлемде алуан-алуан құстар бар. Солардың біразын су құстары дейді. Себебі олар көбінесе суда өмір сүреді. Су құстары: қаз, үйрек, шағала тағы басқалары. Олар суға батпайды. Олардың жүні, қауырсыны майлы болады. Сондықтан оларға су жұқпайды.

[*Қазақ Тілі* 4, p.29]

カザフ語文法読本

## 【単語】

су 水． құс 鳥． су құстары 水鳥． әлем 世界． алуан-алуан 様々な． бар ある，いる． солар それら． біраз 少し． деу 言う． себебі その理由は． көбінесе 多くの場合． өмір сүру 暮らす． қаз ガチョウ． үйрек カモ． шағала カモメ． тағы また． басқа 他の． тағы басқалары 等々（т. б.と略されることも多いです）． бату 沈む． қауырсын 羽根． май 油． сондықтан だから． жұғу (жұқ=) べったりくっつく

## 【第3課】

### Жалбыз

Жалбыз наурыз айының аяғында өсе бастайды. Ол дымқыл, шалғынды жерлерде көп кездеседі. Оның дәрілік маңызы зор. Оны бүйрек ауруына, суық тигенде ем үшін қолданады.

Мен ауырғанда оның тұнбасын іштім. Жалбыз маған ұнайды.

[*Қазақ Тілі* 4, p.146]

## 【単語】

жалбыз ハッカ． наурыз 3月． ай 月． аяқ 末；足． өсу 成長する． =a³ бастау …し始める． дымқыл 湿った． шалғынды 草むらのある（шалғын 草むら）． кездесу 出会う． дәрілік 薬の性質． маңыз 意義． зор 大きい． бүйрек 腎臓． ауру 病気． суық тию 寒さが障る，風邪を引く（суық 寒さ． тию (ти=) 触る）． ем 薬． қолдану 使われる（қолда= 使う）． мен 私． ауыру 病む；痛む． тұнба 沈殿物，おり． ішу 飲む． маған 私に． ұнау 気に入る

— 146 —

## 【第4課】

### Көктем

Қар еріді. Күн жылынды. Көктем болды. Күн ұзарып, түн қысқарды. Ағаштар бүршік жарды. Жылы жаққа кеткен құстар қайта келді. Мал көкке жайылатын болды.

[*Ана Тілі* 1, p.105]

### 【単語】

көктем 春．қар 雪．еру (ері=) 融ける．күн 太陽；日；天気．жылыну 暖かくなる．ұзару 長くなる．түн 夜．қысқару 短くなる．бүршік（木の葉の）芽．жару 割る；裂開する．жылы 暖かい．жақ 方向．кету 去る，行く．қайта 再び．келу 来る．мал 家畜．көк 青い，緑の；青草．жайылу 広がる；放牧される（жаю (жай=) 広げる；放牧する）．=атын[4] болу …するようになる

## 【第5課】

### Алатау

Алатау қарт бабамыз секілді. Ол талай ғасырларды басынан өткізген. Алатаудың құшағында мың-мыңдаған адам тыныс алған, ұрпақ өсірген. Адамдар Алматыны гүлмен көмкеріп, әсем сәулетпен безендірді. Дүниеде таулар көп, бірақ Алатауға не жетсін!

[*Қазақ Тілі* 4, p.107]

### 【単語】

Алатау アラタウ（アルマトゥの南に位置する山脈名）．қарт 老いた．баба 祖父．секілді …のような．талай 多くの．ғасыр 世紀．бас 頭．өткізу 過ごす（өту 過ぎる）．құшақ 一抱え．мың 1000．мыңдаған 何千もの．адам 人．тыныс 息，呼吸．тыныс алу 呼吸する．ұрпақ 子孫，後代．

カザフ語文法読本

өсіру 育てる（өсу 育つ）．Алматы（都市名）アルマトゥ，アルマティ．гүл 花．көмкеру（物の縁を）飾る．әсем 美しい．сәулет 美観．безендіру 飾る，化粧させる（безеу 飾る．безену 自身を飾る，化粧する）．дүние 世界．тау 山．бірақ しかし．не 何．жетсін それは及べ（жетуの三人称命令形）．не жетсін 何が及ぼうか（〔疑問詞＋三人称命令形〕→反語を表す）

## 【第6課】

### Айнакөл

Осынау мөп-мөлдір болып жататын әдемі көлдің Айнакөл аталуы тегін емес. Оның тап-таза тұнық суы күнге шағылысып, айнадай жалтырайды. Түбіндегі алтындай сап-сары құмы мен мап-майда малта тастары ап-анық көрініп жатады. Айнала қоршаған найзадай тіп-тік қамыстар жел лебіне судыр-судыр етеді.

[Қазақ Тілі 4, p.82]

### 【単語】

Айнакөл（湖名）アイナクル湖．осынау この．мөп-мөлдір 全く透き通った（мөлдірの強化形）．=ып³ жату …している．әдемі 美しい．көл 湖．аталу 呼ばれる．тегін ムダな；無料の．емес …ではない．тап-таза 全く清潔な（тазаの強化形）．тұнық 澄んだ．су 水．шағылысу（陽光が反射して）輝く．айнадай 鏡のような（айна 鏡）．жалтырау 輝く．түбіндегі その底にある（түп 底）．алтындай 黄金のような（алтын 黄金）．сап-сары 真っ黄色の（сарыの強化形）．құм 砂．мап-майда 全く小さな（майдаの強化形）．малта тас 丸石，玉石．ап-анық 全く明瞭な（анықの強化形）．көріну 見える．айнала 付近，周囲．қоршау 囲む．найзадай 槍のような（найза 槍）．тіп-тік 全く直立した．қамыс 葦．жел 風．леп 微風；勢い．судыр-судыр ету カサカサ音を立てる

— 148 —

第6部　読本

## 【第7課】

### Ораз

Оразда кітап мол екен. Шкафтың жоғарғы үш сөресі толып тұр. Әдемі тізіліп жиналған. Шкафтың төменгі сөрелері де бос емес. Онда мал мен құстың, аңның, адамның неше алуан мүсіндері тізіліп тұр. Тауықтың, өгіздің, керіктің мүсіндері өздерінен еш аумайды. Бұларды Ораздың өзі жасаған еді.

[Қазақ Тілі 4, p.88]

### 【単語】

Ораз（人名）オラズ. кітап 本. мол 豊富な. екен …なのだ（発見・伝聞）. шкаф 戸棚. жоғарғы 上にある. үш 3. сөре 棚. толу 満ちる. тұр（立って）ある. әдемі 美しい. тізілу 連ねられる, 連なる（тізу 連ねる, 数珠繋ぎにする）. жиналу 集められる（жинау 集める）. төменгі 下にある（төмен 下）. бос カラの. онда そこでは. мал 家畜. құс 鳥. неше いくつの. алуан 色々な. мүсін 姿；塑像. тауық ニワトリ. өгіз 雄牛. керік サイ. өз 自身, 本人. еш 全く（…ない）. аумау（奪＋）（…と）見まがわない, 違わない. бұлар これら. еді …だった


## 【第8課】

### Менің сіңлім

Менің Әсем деген сіңлім бар. Ол әлі кішкентай. Сонда да сезімтал. Сурет салуды, өлең айтуды, ертегі тыңдауды жақсы көреді. Үйдегілер: «Оның жақсы боп өсуі саған да байланысты. Өйткені ол сенен үлгі алады» дейді. Сондықтан мен әрдайым адал болуға, таза жүруге тырысамын.

[Қазақ Тілі 4, p.143]

— 149 —

## 【単語】

менің 私の. Әсем（人名）アセム. деу 言う. сіңлі 妹. бар ある，いる. әлі まだ. кішкентай 小さな. сонда да それでも. сезімтал 利発な，明敏な. сурет салу 絵を描く（сурет 絵，салу 放つ）. өлең айту 歌を歌う（өлең 歌；詩．айту 言う；歌う）. ертегі 民話. тыңдау 聴く. жақсы көру 好む. үйдегілер 家の人たち，家族. жақсы 良い，立派な. боп なって（болып の短縮形）. өсу 成長する. саған 君に. байланысты 関係がある. өйткені というのも，なぜなら. сенен 君から. үлгі 模範. сондықтан それゆえ，だから. әрдайым いつも. адал 公正な，正直な. таза 清い，清潔な. жүру 歩む. тырысу 励む，努める

## 【第9課】

### Сәлім мен Әлім

Бір күні Сәлім аулада Әлім деген досымен ойнап жүрген. Үйге қолына таяқ ұстаған ұзын, ақ сақалды қарт келе жатты.

Сәлім жүгіріп барып сәлем берді. Қарт:

– Көп жаса, балам! Атаң сені өнегелі іске үйреткен екен, – деп риза болып қалды.

Ол Сәлімнің құрдасы Әлімді көріп:

– Балам, сен неге қарт адамға сәлем бермейсің? – деп сұрады.

– Ата, мен сізді танымаймын ғой, – деп жауап берді Әлім.

– Үлкендерге танымасаң да Сәлім сияқты сәлем беріп, ілтипат көрсетуің керек, – деді қарт.

Әлім ұялып, төмен қарады.

[*Қазақ Тілі* 4, pp.143~144]

## 【単語】

бір күні ある日. Сәлім（人名）サリム. аула 中庭. Әлім（人名）アリム. дос 友達. ойнау 遊ぶ. үй 家. қол 手，腕. таяқ 杖. ұстау 握る. ұзын

長い. ақ 白い. сақалды あごひげのある（сақал あごひげ）. қарт 老いた；老人. келу 来る. =a³ жату（келу / бару につき）…している. жүгіру 走る. бару 行く. сәлем беру 挨拶する（сәлем 挨拶）. көп たくさんの. жасау 生きる. бала 子供. ата おじいさん. сені 君を. өнегелі 模範的な，優秀な（өнеге 模範）. іс 仕事，事柄. үйрету 教える. екен …なんだね. деп …と(言って). риза 満足. =ып³ қалу …してしまう，…する. құрдас 同い年の人. көру 見る. сұрау 尋ねる. сіз あなた. тану（таны=）面識がある. ғой …だよ，…じゃないか. жауап беру 返事をする（жауап 返事）. үлкен 大きい；年上の. сияқты …のような. ілтипат 敬意. көрсету 示す. керек 必要な. ұялу 恥じる. төмен 下. қарау（与+）目をやる，見る

## 【第10課】

### Біздің оқытушы

　　Біз алтыншы класта оқып жүргенде, Медетов деген оқытушы келді. Ұзын бойлы, сопақшалау жүзді, көздері үлкен, өткір, отыздар шамасындағы жігіт еді. Медетов қатаң оқытушы боп шықты. Ұдайы кекетіп сөйлеп, сабақ білмеген балаларды мысқылдап, мұқатып, кейде тілдеп отыратын. Бірақ сабақты жақсы беретін еді. Оның берген сабағында түсініксіз еш нәрсе болмайтын. Кластағы әрбір бала сабақты әбден түсініп болғанша, ол қайта-қайта сұрақтар қойып, балаларға айтқызып, кейде өзі де қайталап айтып беріп отыратын. Оқушыны әрі қадағалап, әрі жетектеп отырып, дәрісті оқушының көкейіне әбден қондыратын. Сол себепті де оны оқушылар жақсы көретін, қадірлейтін.

[Қазақ Тілі 7, p.186]

### 【単語】

алтыншы 6番目(の). класта クラスに（主格はкласс）. оқу (оқы=) 学ぶ. =ып³ жүру（日々の活動として）…している. Медетов（姓）メデトフ.

оқытушы 教師. ұзын 長い. бойлы 背丈のある. сопақшалау やや楕円形の (сопақ 楕円の. сопақша 楕円形の). жүзді 顔のある (жүз 顔). көз 目. үлкен 大きい. өткір 鋭い. отыз 30. шама 程度. жігіт 青年. е$\partial i$ …であった. қатаң 厳格な. боп (болып の短縮形) なって. =ып³ шығу (шық=)（一貫して）…する. ұдайы いつも. кекету けなす. сөйлеу 話す. сабақ 授業. білу 知る. мысқылдау 嘲笑する. мұқату 嘲弄する. кейде 時には. тілдеу 罵る. =ып³ отыру (静的に) …している. сабақ беру 授業をする. түсініксіз 分かりにくい, 不明解な (түсінік 理解). еш いかなる (…もない). нәрсе 物. әрбір 各々の. әбден 十分に. түсіну 理解する. =ып³ болу …し終わる. болғанша …なるまで. қайта-қайта 何度も何度も. сұрақ 質問, 問い. айтқызу 言わせる (айту 言う). өз 自身. қайталау 繰返す. оқушы 生徒. әрі А әрі Б Аであり且つБである. қадағалау 注視する. жетектеу 率いる, 導く. дәріс 学課, 講義. көкей 理解力. әбден 十分に, しっかりと. қондыру 定着させる (қону 泊まる). сол себепті そのために. жақсы көру 好く. қадірлеу 尊敬する

【第11課】

## Спортшы Бейбіт

Бейбіт сыныптағы балалардың ең кішісі әрі нәзігі еді. Мұнысы, әсіресе, дене шынықтыру сабағында айқын аңғарылатын. Сапқа тұрғанда оқушылардың ең соңында қалатын. Оныасына өзі де намыстанатын. Бойының аласалығынан ба, жоқ әлде сыныпта өзі аттас тағы бір оқушының болғандығынан ба, балалар оны "кішкентай Бейбіт" деп атайтын. Ал сол кішкентай Бейбіт жүгіргенде құстай ұшып, жарыстың алдын бермейтін.

Тез өсіп, үлкен болу оның арманы еді. Ағалары ауланың бір бұрышына турник орнатып берді. Бейбіт күн сайын турникке тартылып, ақырында ұршықтай айналатын болды. Дене шынықтыру, спортпен айналысу Бейбіттің бұлжымас әдетіне айналды. Үшінші сыныпқа келгенде бойы өсіп, қайраттана түсті.

第6部　読本

　Бастауыш мектепті бітірген жылдың жазында спортқа әуес бір топ ауыл балалары бокс үйірмесіне қатысатын болды. Олардан кішкентай Бейбіт те қалмады. Бокстасамын деп жүріп өзінен үлкен балалардан таяқ жеп қалған кездері де болды. Бірақ Бейбіт алған бетінен қайтпады, бокс өнеріне деген ынта-ықыласы арта түсті.

[*Қазақ Тілі* 6, p.195]

### 【単語】

спортшы スポーツ選手, アスリート. Бейбіт（人名）ベイビト. сынып クラス；学年. ең 最も. кіші 小さい. әрі 且つ. нәзік か弱い, ひ弱な. еді … であった. мұнысы（その）これ. әсіресе とりわけ. дене 体. шынықтыру 鍛える（шынығу（шынық=）鍛えられる）. сабақ 授業. айқын 明白な. аңғарылу 観察される（аңғару 気づく）. сап 列. тұру 立つ. қалу 居残る. онысы（その）それ. өзі 彼自身. намыстану 恥辱に感じる. бой 背丈. аласалық 丈の低さ（аласа 丈の低い）. әлде もしくは. аттас 同名の人. тағы また, 再び. кішкентай 小さな. деу …と言う. атау 呼ぶ. ал 一方, ひるがえって. сол その. жүгіру 走る. құстай 鳥のような（құс 鳥）. ұшу 飛ぶ. жарыс 競走, レース. алд 前. беру 与える. тез 速い. өсу 成長する. үлкен 大きい. арман 理想, ゆめ. аға 兄. аула 中庭. бұрыш かど, 隅. турник（体操用の）鉄棒. орнату 据え付ける. =ып[3] беру …してくれる. күн сайын 日々. тартылу 引っ張られる（тарту 引っ張る）. ақырында その最後に（ақыр 最後）. ұршықтай 紡錘のような（ұршық 紡錘, つむ）. айналу 転じ変わる, なる. спорт スポーツ. айналысу（助格+）従事する, 勤しむ. бұлжымас 変わらない（бұлжымау 変わらなくある）. әдет 習慣. үшінші 3番目. қайраттану 意気込む, 発奮する. =a[3] түсу（益々）…する. бастауыш мектеп 小学校（бастауыш 初等の. мектеп 学校）. бітіру 終える（біту 終わる）. әуес …に興味・関心のある. топ 集団. ауыл 村. бокс ボクシング. үйірме サークル, グループ. қатысу 参加する. =атын[4] болу …するようになる. +дан[6] қалу 落後する；失う. бокстасу ボクシングし合う. таяқ жеу 殴打を食らう, 殴られる（таяқ 杖）. =ып[3] қалу …してしまう. кез 時. бірақ しか

カザフ語文法読本

し. бет алу 針路をとる，向かう（бет 顔；方向. алу 取る）. қайту 帰る. өнер 技術，技. деген（与格+）…に対する. ынта-ықылас ひた向きさ（ынта 熱心. ықылас 熱意）. арту 増える

## 【第12課】

### Мұхтар Әуезов

Болашақ жазушы 1897 жылдың күзінде Семей облысының Абай ауданында дүниеге келді. Түрік, араб, парсы әдебиеттерінен жақсы хабардар Әуез ата «азат», «білімді», «таңдаулы» деген мағынаны білдіретін «Мұхтар» есімін өзінің үлкен ұлы Омархан мен сүйікті келіні Нұржамалдан туған тұңғыш немересіне қойды.

Әуез қарт ұлы ақын Абайдың адал досы болған. Ол Абай өлеңдерін көшіртіп, түптетіп, оқулық орнына пайдаланып, өз балалары мен немерелеріне өзі сабақ береді.

Күндердің күнінде Әуез атаның алдына бес-алты жасар кең маңдай, бұйра шаш бала Мұхтар да шәкірт болып тізе бүгеді.

Кейін Абай өмірі кемеңгер жазушы Мұхтар Әуезовтің мәңгілік өнер тақырыбына айналады. Ол әлемге танылған «Абай жолы» эпопеясын жазады.

[*Қазақ Тілі* 5, pp.61~62]

## 【単語】

Мұхтар (Омархан ұлы) Әуезов（人名）ムフタル・アウェゾフ，ムフタル・オマルハンウル・アウェゾフ. болашақ 未来(の). жазушы 作家. 1897 [(бір) мың сегіз жүз тоқсан жетінші] жыл 1897年. күз 秋. Семей（地名）セメイ，セミパラチンスク. облыс 州. Абай（地名・人名）アバイ. аудан 地区，郡（州の下の行政区画）. дүниеге келу この世に生を受ける（дүние 世界，この世）. түрік チュルク. араб アラブ. парсы ペルシア. әдебиет 文学. жақсы 良い. хабардар 情報を持った，精通した. ата おじいさん，

— 154 —

祖父. азат 自由, 解放. білімді 知識のある（білім 知識）. таңдаулы 選り抜きの（таңдау 選ぶ）. деу 言う. мағына 意味. білдіру 知らせる, 表す（білу 知る）. есім 名前. өз 自分. үлкен 大きな. ұл 息子. Омархан（人名）オマルハン. сүйікті 愛すべき. келін 嫁. Нұржамал（人名）ヌルジャマル. туу 生まれる；生む. тұңғыш 最初の. немере 孫. қою (қой=) 置く. қарт 老いた. ұлы 偉大な. ақын 詩人. адал 正直な, 公正な. дос 友達. өлең 詩歌. көшірту 書き写させる. түптету 装丁させる. оқулық 教科書, 教材. орнына …の代りに（орын 場所）. пайдалану 利用する. бала 子供. сабақ беру 授業をする. күндердің күнінде ある日. алд 前. бес 5. алты 6. жасар …歳の. кең 広い. маңдай 額. бұйра 縮れ毛の. шаш 髪. шәкірт 教え子, 弟子. тізе 膝. бүгу (бүк=) 曲げる. кейін 後に. өмір 人生, 生涯. кемеңгер 英明な. мәңгілік 永遠の, 恒久の. өнер 技能, 技芸. тақырып テーマ, 主題. айналу 変わる, 転じる. әлем 世界, 世の中. танылу 認識される（тану (таны=) 面識がある）.「Абай жолы」（著作名）『アバイの道』. эпопея 長編歴史物語. жазу 書く

## 【第13課】

### Алдар Көсе мен бай баласы

Бір күні Алдар далада жаяу келе жатса, алдынан бір салт атты кездесе кетеді. Амандық айтып, жөн сұрасқаннан кейін:

– Атың кім? – дейді жаңағы кісі Алдарға.

– Атым – Алдар.

– Әй, сен әлгі алдамшы Алдармысың?

– Иә.

– Кәне, мені алдашы.

– Ойбай! – деп санын бір-ақ соғады сонда Алдар. – Алдауыш ала таяғым үйде қалып қойыпты. Атыңды бере тұршы, алып келейін.

Бай баласы түсіп, атын береді. Алдар былай шыға беріп:

– Алдаған деген осы болады, қош бол! – деп, шаба жөнеледі. Бай баласы алданғанын сонда ғана біліп, санын бір-ақ соғады.

[Ана Тілі 1, pp.210~211]

## 【単語】

Алдар Көсе アルダル・クセ（とんち話の主人公の名）. бай 金持ち. бала 子. бір күні ある日. дала 戸外. жаяу 徒歩で. =a³ жату（бару / келу につき）…している. алд 前. салт 単身の. кездесу 会う. амандық 息災（аман 息災な）. айту 言う，話す. жөн сұра(с)у（互いに）問い合わせる. кейін …の後で. ат 名前. кім 誰；何（名前につき）. жаңағы 先ほどの（жаңа 新しい；先ほど）. кісі 人. әй おい. сен 君，お前さん. әлгі 例の. алдамшы 嘘つきの. +мы⁶+ …か（い）. иә はい. кәне どれ. алдау 騙す. +шы²（…しなさい）な. ойбай おやまあ，何とまあ. сан 太腿. бір-ақ 1度だけ. соғу（сок=）叩く. сонда そこで. алдауыш 騙す所の. ала まだらの. таяқ 杖. қалу 残る，置き忘れる. =ып³ қою（қой=）…しておく. =a³ тұру（暫時的に）…する. түсу 降りる. былай 次のように. шығу（шық=）出る. =a³ беру（構わずに）…する. қош さようなら；好ましい. қош бол! さようなら！ごきげんよう！ шабу（шап=, шауып）疾駆する. =a³ жөнелу 迅速に行う. алдану 騙される. сонда ғана そこで初めて. білу 知る

## 【第14課】

### Қожанасырдың тойға баруы

Баяғыда біреу той жасапты. Тойға көп кісі жиналыпты. Қожа да келіпті.

Қожанасырдың үстіндегі киімі жұпыны екен. Оны ешкім елемепті. «Төрге шық, тамақ іш» депті.

Қожа шығып кетеді де, үйіне барып тәуір киімдерін киіп, қайта келеді.

Бұл жолы үй иесі Қожанасырды құрметтейді, төрден орын береді. Ет келгенде:

— Қожеке, алыңыз, алыңыз! — деп қошеметтейді.

Қожа етті жемей, табаққа шапанының жеңін малып: — Же, шапаным, же!

– деп отыра береді. Үй иесі:

Сіздің бұл не қылғаныңыз? Шапан ет жейтін бе еді? – депті.

Сонда Қожа:

– Сен кісіні сыйламайды екенсің, киімді сыйлайды екенсің. Сондықтан шапаныма жегізіп отырмын! – деп жауап береді.

[*Ана Тілі* 1, pp.208~210]

## 【単語】

Қожанасыр コジャナスル (頓知物語の主人公の名. ナスレッディン・ホジャ（トルコ語）). той 宴，結婚式，祝賀行事. баяғыда 昔. біреу ある誰か. той жасау 宴を催す. жиналу 集まる. Қожа コジャ（コジャナスルの略称）. үстіндегі 彼の上にある…. киім 服. жұпыны 簡素な，質素な. екен …であったのだ. ешкім 誰も（…ない）. елеу 気に留める. төр 上座. төрге шығу (шық=) 上座の席につく. тамақ ішу 食事する. тәуір なかなか良い. кию (ки=) 着る. қайта 再び. бұл жолы 今回. ие 主人. құрметтеу 尊敬する，敬意を示す. орын 場所，席. ет 肉. Қожеке コジャ様（+[е/ə]ке は，主に人物を表す語の最初の子音や(閉)音節形に付けて，その語の敬愛形を作る接尾辞.《…さん》). көшеметтеу 敬う. табақ 皿. шапан 長い羽織，長衣，袷（あわせ）. жең 袖. малу 浸す，つける. =а³ беру（構わずに）…する. сонда そこで. сыйлау 敬う，歓待する. сондықтан だから. жегізу 食べさせる. отыру（座って）…している. жауап беру 返事をする

## 【第15課】

### Қымыз

Қымыз киелі асқа саналады. Биенің сүтінен қымыз дайындау үшін оны саба аталатын көн ыдысқа жылы күйінде емес, салқындаған қалпында құяды. Жылы құйса, қымызы ащы болады. Сабаға құйылған қымызды піспекпен әлсін-әлсін пісіп тұрады. Қымыз неғұрлым көп пісілсе, соғұрлым тұщы, дәмді келеді. Аз пісілген қымызда ірімтік көп болып, ішуге жағымсыз келеді.

Үйіне кірген кісіге қазақ ас татырмай жібермейді. Сондағы ұсынатыны, бар болса қымыз, ол болмаса айран, ірімшік, құрт сияқты тағамдар болған.

[Қазақ Тілі 5, p.66]

### 【単語】

қымыз クミス, 発酵馬乳, 馬乳酒. киелі 霊験のある（кие 精霊）. ас 食品, 食事. саналу 見なされる（санау 見なす）. бие 雌馬. сүт ミルク, 乳. дайындау 用意する, 作る. үшін …のために. саба 革袋. аталу 呼ばれる（атау 名付ける, 呼ぶ）. көн 皮革. ыдыс 容器. жылы 暖かい. күй 状態. емес …ではない. салқындау 涼しくなる. қалып (Ⅲ.қалпы) 形. құю (құй=) 注ぐ. ащы えがらい, 辛い. құйылу 注がれる. піспек 撹拌棒. әлсін-әлсін しょっちゅう. пісу 撹拌する. көп たくさんの. пісілу 撹拌される. неғұрлым А болса, соғұрлым Б Аである分だけБである. тұщы えがらくない, 辛くない. дәмді 美味しい. келу（形容詞+）…になる. аз 少しの. ірімтік 凝乳塊. жағымсыз 好ましくない. үй 家. кіру 入る. кісі 人. татыру 味わせる（тату (таты=) 味わう）. жіберу 送る. сондағы そこにおける. ұсыну 差し出す. айран アイラン, 酸乳. ірімшік イリムシク, 乳酪. құрт クルト, 乾燥チーズ. сияқты …のような. тағам 食べ物

### 【第16課】

#### Аттың тұрмандары

Қазақ халқы аттың тұрмандарын әшекейлеуге көп көңіл бөлген. Ол үшін алтын, күміс сияқты қымбат металдарды пайдаланған. Мысалы, ердің қасына, тоқым-тебінгілерінің бетіне, үзеңгіге, басқа тұрмандардың өн бойына лайықты көркем өрнектер салып, қымбат тастармен әдемілей түскен. Ондай тұрмандардың түгел бір комплексін жасағаны үшін шеберге жылқы, түйе сияқты ірі қаралардың бірін ақыға төлеген. Әлділерге жағынғысы келген кей шеберлер олардың ұл-қызына әдемі ер-тоқым жасап апарып, сыйына үйірлеп мал айдап қайтатын кездері де болған.

[Қазақ Тілі 5, p.86]

### 【単語】

ат 馬. тұрман 馬具. халық (III.халқы) 民，民衆. әшекейлеу 裝飾する. көңіл бөлу 気を配る，配慮する. ол үшін そのために. алтын 黄金. күміс 銀. сияқты …のような. қымбат 高価な. металл 金属（斜格；метал+）. пайдалану 利用する. мысалы 例えば. ер 鞍. қас 鞍の前輪・後輪；眉毛；縁. тоқым-тебінгі 鞍褥や下鞍. бет 顔；表面. үзеңгі あぶみ. басқа 他の. өн бойы 全身. лайықты 好適な（лайық ふさわしい）. көркем 美しい. өрнек 彫刻模様，レリーフ. салу 入れる，施す. қымбат 高価な. тас 石. әдемілеу 美しく飾る. =$a^3$ түсу（益々，いっそう）…する. ондай そのような. түгел 全て. комплекс 複合体. жасау 作る. үшін …ために. шебер 匠，腕利き，達人. жылқы 馬(群). түйе ラクダ. сияқты …のような. ірі 大型の. қара 大型家畜（馬，ラクダ，牛の総称）. ақы 報酬. төлеу 支払う. әлді 有力な(者). жағыну おもねる，媚びる（жағу (жақ=) 気に入る）. кей 若干の，一部の. ұл-қыз 息子や娘，子女. әдемі 美しい. ер-тоқым 鞍や鞍褥. жасау 作る. апару 持って行く. сый 贈物，褒美. үйірлеу 群となす. мал 家畜. айдау 追い立てる，駆り立てる. қайту 帰る. кез 時

### 【第17課】

## Судың қасиеті

Сусыз тіршілік жоқ. Онсыз аң-құс та, адамдар да өмір сүре алмайды. Бүкіл дала, орман-тоғай, жер бетіндегі өсімдік атауының бәрі суға тәуелді.

Теңіздер мен мұхиттарда адамдар кемелермен жүріп балық аулайды. Су электр станциялары арқылы ток беріледі. Сусыз тазалық та жоқ. Су – ең тиімді қатынас жолы. Ауыр жүктер де, жолаушылар да кеме арқылы ерсілі-қарсылы ағылып жатады.

Сусыз нан иленбейді, құрылыс бетоны сусыз бірікпейді, сусыз кітап та, дәптер қағазы да, киім тігетін мата, резина, металл, дәрі-дәрмек атаулы, бірде-бір кәмпит жасалмайды. Міне, судың қасиеті осындай.

[Қазақ Тілі 5, p.186]

## 【単語】

су 水. қасиет 特性. сусыз 水のない. тіршілік 生存；生命体. жоқ …がない. онсыз それなしで. аң-құс 鳥獣. адам 人. өмір сүру 暮らす. =а$^3$ алу …することができる. бүкіл 全ての. дала 草原, 原野. орман-тоғай 森林. жер бетіндегі 地表にある（жер беті 地表）. өсімдік 植物. атаулы …と呼ばれるもの. бәрі (その)全て. тәуелді …に依存する. теңіз 海. мұхит 海洋. кеме 船. жүру 行く. балық 魚. аулау 狩る, 漁をする. электр 電気. су электр станциясы 水力発電所. арқылы …によって. ток 電流. берілу 与えられる（беру 与える）. тазалық 清潔さ. ең 最も. тиімді 有用な. қатынас 交通；関係. жол 道. ауыр 重い. жүк 荷物. жолаушы 旅行者. ерсілі-қарсылы 行き来して, 往来して. ағылу 流される. =ып$^3$ жату …している. нан ナン. илену 捏ねられる（илеу 捏ねる）. құрылыс 建物, 建設. бетон コンクリート. бірігу (бірік=) 1つになる, 結合する. кітап 本. дәптер ノート, 帳面. қағаз 紙. киім 服. тігу (тік=) 縫う. мата 布. резина ゴム. металл 金属. дәрі-дәрмек 薬剤, 薬品. бірде-бір いかなる1つも（…ない）. кәмпит キャンディー. жасалу 作られる（жасау 作る）. міне ほら. осындай このような

## 【第18課】

### Мультфильм бізге қалай көрсетіледі?

Жер үстінде байланыс қызметін атқарушы Жер серіктері ұшып жүреді. Әдетте олардың бірнешеуі бір мезгілде жұмыс істейді. Телевизиялық станция өзінің үстінде ұшып жүрген Жер серігіне хабар жібереді. Ол өзіне келген хабарды (суреттерді) жер шарының басқа бөліктерінде ұшып жүрген Жер серіктеріне жеткізеді. Олар әлгі хабарды (суреттерді) өздері тұрған тұстан жерге қайта жібереді. Жерде оны Мәскеуден, Токиодан, Нью-Йорктен мыңдаған шақырым алыс жатқан телевизиялық станциялар қабылдап алады. Жер серіктері жылдам, қапысыз, дәл жұмыс істейді. Міне, соның арқасында мультиктерді біздің планетамыздың әр түрлі қалаларында тұратын балалар бір мезгілде көре алады. Ғарыштық байланыстың таңғажайып сыры да, адамға етер қызметі де шексіз.

[Қазақ Тілі 5, pp.76~77]

## 【単語】

мультфильм アニメ映画，動画. қалай どのように. көрсетілу 示される，見せられる. Жер 地球. үст 上. байланыс 関係，通信. қызмет 仕事，業務. атқарушы 執り行うところの. серік 伴侶；衛星. Жер серігі 地球の人工衛星. ұшу 飛ぶ. =ып$^3$ жүру …して動いている. әдетте 普段，ふつう. бірнешеуі 幾つか. мезгіл 時，時期. бір мезгілде 同時期に. жұмыс 仕事. істеу する. телевизиялық テレビの. станция 局，ステーション. телевизиялық станция テレビ局. хабар 情報. жіберу 送る. сурет 絵，画像. жер шары 地球. басқа 他の. бөлік 部分. жеткізу 届ける. әлгі 例の，くだんの. тұру ある，いる. тұс 方向. жер 地面，地上. қайта 再び. Мәскеу モスクワ. Токио 東京. Нью-Йорк ニューヨーク. мыңдаған 何千もの. шақырым キロメートル. алыс 遠方. жату 位置している. қабылдау 受け取る. жылдам 速い，迅速な. қапысыз 遺憾のない. дәл ちょうど，きっかり. міне ほら. соның арқасында そのお陰で. мультик アニメ映画. планета 惑星. әр түрлі 様々な. қала 都市. бала 子供. көру 見る. =а$^3$ алу …できる. ғарыштық 宇宙の. байланыс 通信. таңғажайып 驚くべき. сыр 秘密，奥深さ. етер するであろう. шексіз 限りのない

## 【第19課】

### Ұлы күн

　Қазақстан – біздің сүйікті атамекеніміз. 1991 жылғы желтоқсанның 16-сы – оның тарихындағы ұлы күн! Сол күні Қазақстан өзінің тәуелсіздігін жариялады. Қазақ халқы ғасырлар бойы аңсаған арманына жетті. Еліміз егемен мемлекет болды.

　Қазір қазақ мемлекетін жер жүзі біледі. Оның көгілдір туы Нью-Йорктегі әлем елдері туының арасында желбіреп тұр. Мемлекеттік Әнұранымыз дүние жүзінің әр қиырында қазақ тілінде шырқалады. Бұл біздің жүрегімізді мақтаныш сезіміне бөлейді! Біз ана тілімізді ардақтаймыз. Ұлы Отанымыз – Қазақстанды шексіз сүйеміз! Еліміздің жас ұрпағы оның даңқын аспандатуды армандайды.

[Қазақ Tілі 4, pp.51~52]

### 【単語】

ұлы 偉大な. күн 日. Қазақстан カザフスタン. сүйікті 愛すべき. атамекен 先祖代々の故郷，祖国. 1991 [(бір) мың тоғыз жүз тоқсан бірінші] жыл 1991年. желтоқсан 12月. 16-сы [он алтыншысы] 16日. тарихындағы その歴史における（тарих 歴史）. тәуелсіздік 独立. жариялау 発表する，宣言する. халық (Ⅲ.халқы) 民衆. ғасыр 世紀. бойы …の間ずっと；…に沿って. аңсау 切望する. арман 理想，憧憬，ゆめ. жету 到達する. ел 国. егемен 主権の，独立の. мемлекет 国家. қазір 今. жер жүзі 世界中（жер 地球．жүз 表面）. білу 知る. көгілдір 淡青色の，空色の. ту 旗. Нью-Йорк ニューヨーク. әлем елдері туы 万国旗. ара 間. желбіреу はためく. =ып³ тұр …している. мемлекеттік 国家の. әнұран 国歌（ән 歌．ұран 呼掛け）. дүние жүзі 世界中. әр 各. қиыр 遠方；端，隅. шырқалу 歌唱される（шырқау 歌唱する，歌う）. жүрек 心臓；心. мақтаныш 誇り，自慢. сезім 感じ，気持ち. бөлеу 浸る；(産着に) くるまれる. ана 母. ардақтау 愛しむ，愛護する. отан 祖国. шексіз 無限の（шек 限度）. сүю (сүй=) 愛する. жас 幼い，若い．

― 162 ―

ұрпақ 子孫，後代．даңқ 名声，声望．аспандату 飛び立たせる（аспандау（空へ向かって）飛び立つ）．армандау 理想とする，憧憬する

## 【第20課】

### Қазақ тілі – Қазақ халқының әдеби тілі
### және
### мемлекеттік тіл

 Әдеби тіл дегеніміз – жазба әдебиет арқылы жүйеге түскен, қарапайым сөйлеу тілінен жоғары тұрған, жалпыға бірдей міндетті әрі дұрыс қабылданған нормасы бар қоғамдық қызметі әр алуан тіл. Ауызекі сөйлеу тілінде көптеген сөзді әркім әр түрлі айтатын болса, әдеби тілде оларды жұрттың бәрі бірдей айтып, бірдей нұсқада қолданады. Ондай бірізділік сөздердің жазылуында да, айтылуында да, грамматикасында да және терминдердің жұмсалуында да орнығып, қалыптасады. Осы қалыптасқан бірізділікті норма деп атайды. Нормаға түспеген тіл әдеби тіл деп есептелмейді.

 Әдеби тіл қоғамға жазбаша және ауызша түрде қызмет етеді. Егер әдеби тіл қоғамның мемлекеттік тілі болса, онда ол өмірдің барлық саласында кеңінен пайдаланылады.

 Белгілі бір тарихи себептермен кейбір халықтардың әдеби тілі өз тілі емес, өзге бір халықтың тілі болуы да мүмкін. Бұл жағдай сол халықтар өз тәуелсіздігінен айырылып, өзге халықтарға тәуелді болуымен байланысты туған. Мәселен, Үндістанда әдеби тіл көп жылдар бойы ағылшын тілі болып келді. Қазіргі Бразилияның әдеби тілі – португал тілі болса, Аргентина мен Кубаның әдеби тілі – испан тілі. Ал біздің елімізде қазақ тілі – қазақ халқының әдеби тілі. 1989 жылы қазан айында республиканың Жоғарғы Кеңесі қабылдаған Қазақстанның Тіл туралы заңына сәйкес қазақ тіліне мемлекеттік мәртебе берілді.

[Қазақ Тілі 7, p.3]

カザフ語文法読本

## 【単語】

әдеби 文学の. тіл 言語. әдеби тіл 標準語, 文言語. дегеніміз 私たちが言うところのもの. жазба 書かれた. әдебиет 文学. арқылы …によって. жүйеге түсу 体系化される（жүйе 体系. түсу 降りる, 入る）. қарапайым 普通の, 平凡な. сөйлеу 話す. жоғары 上. тұру ある. жалпы 公衆, 衆人. бірдей 同様な, 一律な. міндетті 任務を負った（міндет 任務）. әрі 且つ. дұрыс 正しい. қабылдану 受け入れられる（қабылдау 受け入れる）. норма 規範, 標準. бар …がある. қоғамдық 社会の（қоғам 社会）. қызмет 職務. әр алуан 様々な. ауызекі 口頭の. көптеген たくさんの. сөз 単語. әркім 各人. әр түрлі 様々な. жұрт 民衆. бәрі その全て. нұсқа 原稿；形式, 模式. қолдану 使われる（қолдау 使う）. ондай そのような. бірізділік 一貫性（бірізді 一貫した）. жазылу 書かれる（жазу 書く）. айтылу 話される（айту 話す）. грамматика 文法. және …及び. термин 述語. жұмсалу 使われる（жұмсау 使う）. орнығу (орнық=) 落ち着く, 定着する. қалыптасу 形作られる, 形成される. осы この. атау 名付ける, 称する. деп …と. есептелу みなされる（есептеу みなす）. жазбаша 書面形式の. ауызша 口語体の. түрде …の形式で. қызмет ету 働く, 役目を果たす. егер もし. мемлекеттік 国家の（мемлекет 国家）. онда そこでは. өмір 暮し. барлық あらゆる. сала 分野, 領域. кеңінен 幅広く. пайдаланылу 利用される（пайдалану 利用する）. белгілі ある一定の. тарихи 歴史的な. себеп 原因, 理由. кейбір 若干の, 個々の. халық 民衆. өзге 他の. мүмкін …かもしれない. жағдай 状態. тәуелсіздік 独立(性). айырылу 離れる；失う（айыру 離す）. тәуелді 従属下の. байланыс 関係. туу 生む. мәселен 例えば. Үндістан インド. көп жылдар бойы 長年にわたって. ағылшын тілі 英語. қазіргі 今の. Бразилия ブラジル. португал тілі ポルトガル語. Аргентина アルゼンチン. Куба キューバ. испан тілі スペイン語. ал 一方. ел 国. 1989 [(бір) мың тоғыз жүз сексен тоғызыншы] жылы 1989年に. қазан айы 10月. республика 共和国. Жоғарғы Кеңес 最高会議, 最高評議会. қабылдау 受け入れる, 批准する. Қазақстан カザフスタン. туралы …について(の). заң 法律. сәйкес …に応じて. қазақ тілі カザフ語. мәртебе 地位, 権威. берілу 与えられる（беру 与える）

# 語彙集

① 本語彙集には，本書内の全ての語彙を掲載しました．
② 所有接尾辞が付くと語形が変わる名詞は，三人称形（III.）を代表させて，主格形に添えました．例；ауыз (III.аузы) 口
③ 動詞は基本形（=y²）で掲載しました．=y² を取り除いた際，語根の音形が変わるもの（例；ағу (ақ=) 流れる）や，ы² 語幹動詞（例；оқу (оқы=)《学ぶ》)，注意すべき活用を持つもの（例；қайту₁ (қайтып)《帰る》とқайту₂ (қайтіп)《どうする》）なども個別に配慮し，語形を載せました．
④ ロシア語からの借用語の内，主格形がロシア語綴りそのままの（つまり発音が十分カザフ語化していない）多音節語には，ロシア語式にアクセント記号を付け，より正確な発音習得の一助としました．

## A

Абай〔人名・地名〕アバイ
абайлаңқырау もう少し用心する
абайлау 用心する
абзал 良い
áвгуст (III.авгусы) 8月
автóбус バス
автомáт 自動
автоматтану 自動化する
автоматты 自動的な
автомобúль 自動車
автономиялы 自治の
аға 兄，年上の男性
ағаш 木；木製の
ағу (ақ=) 流れる
ағызу 流す

ағылу 流される
ағылшын イギリス人
　　　ағылшын тілі 英語
ағырақ より白い
ағыту 流す
áдрес 住所
адал 正直な，公正な
адам 人
адасу 道に迷う
ажым しわ
аз 少ない，少しの
азайту 減らせる
азат 自由，解放
азаю (азай=) 減る
ай₁ 月（歳月・天体ともに）

ай шары 月球, 月
-ай₂ ① …だなあ. ② (呼掛けで) …や, …よ
айғайлау 叫ぶ, わめく
айдау 追い立てる, 駆り立てる
айдаһар 大蛇
айқын 明白な
айна 鏡
айнадай 鏡のような
Айнакөл 〔湖名〕アイナクル湖
айнала 付近, 周囲
айналу 変わる, 転じる, なる
айналысу〔助格+〕(…に)従事する
айран 酸乳, アイラン
айталық 例えば
айтар-айтпас 言うか言わないかの
айтқызу 言わせる
айтпақшы そういえば
айту 言う, 話す；歌う
айтылу 話される
айтысу 互いに言う
айыру 離す
айырылу 離れる；失う
ақ₁ 白い
-ақ₂ …至極だ, 全く…
ақпан 2月
ақша お金
ақшасыз お金のない
ақы 報酬
ақылдасу 相談する
ақын 民間詩人

ақыр 最後
ақырын ゆっくり
ақысыз 無報酬の
ал ① 一方, しかるに, ひるがえって. ② さて, では
ала まだらの
алайда でも, しかしながら
аласа 丈の低い
аласалық 丈の低さ
аласарақ より丈の低い
Алатау 〔山脈〕アラタウ
алғашқы 始めの
алғыр 狩上手な；賢い
алд 前 (複数形：алдар)
алдағы 前の, 先にある
алдамшы 嘘つきの
алдану 騙される
Алдар Көсе アルダル・クセ (とんち話の主人公の名)
алдау 騙す
алдауыш 騙すところの
алдымен 先ず最初に, 初めに
алла ① アッラー. ② おやまあ
алло もしもし
алма リンゴ
Алматы 〔地名〕アルマトゥ, アルマティ
алпыс 60
алпысыншы 60番目
алтау 6つ, 6人
алты 6

алтын 黄金
алтындай 黄金のような
алтыншы 6番目
алу₁ (алып / ап) 取る
алу₂ (алып / ап) 〔=a³ +〕…できる
алуан 色々な
алуан-алуан 様々な
Алшынбай 〖人名〗アルシュンバイ
алыну 取られる
алыс 遠方
алысу 取り合う
амал 方法，仕方
 амал қанша 仕方なく
аман 息災な，健康な
амандасу 挨拶する
амандық 息災
Америка アメリカ
 Америка Құрама Штаттары アメリカ合衆国（略：АҚШ）
ана₁ お母さん，母
ана₂ あれ
анаған（ана₂の与格形）
анық 明瞭な
аң 獣，野生動物
аңғару 気づく
аңғарылу 観察される
аң-құс 鳥獣
аңсау 切望する
апа 姉；お母さん
ап-анық 全く明瞭な
апару 持って行く，連れて行く

апат 災害
аппақ 真っ白な
апрель (Ⅲ.апрелі) 4月
апта 週
апыр-ай おやまあ，何てことだ
ара 間
араб アラブ人
арбакеш 御者
Аргентина アルゼンチン
ардақтау 愛しむ，愛護する
арқасында 〔属格 +〕(…の)お陰で
арқылы 〔主格 +〕(道具や手段)で，(…に)よって
арман 理想，憧憬，ゆめ
армандау 理想とする，憧憬する
ары → әрі₂
арыстан ライオン
арт 後
арт-артынан 次々に
арттыру 増やす
арту 増える
артық 余分な
арық 痩せた
ас 食品，食事
аса ① 極めて，とても．② 〔奪格 +〕(…を)超える…
Асан 〖人名〗アサン
асқазан 胃
Асқар 〖人名〗アスカル
аспандату 飛び立たせる
аспандау（空へ向かって）飛び立つ

カザフ語文法読本

ассалаумағалайкүм こんにちは.
 あなた(方)の上に平安あれ.
аст 下
астам〔奪格+〕…以上の
Астана〖地名〗アスタナ
асығу (асық=) せく, 急ぐ, 焦る
асығыс 急いだ, あわてた
асыранды ペットの
асырау 飼育する
ат₁ 馬
ат₂ 名前
ата おじいさん, 祖父
аталас 同族, 一族
аталу 呼ばれる
атамекен 先祖代々の故郷, 祖国
атау 名付ける;呼ぶ, 称する
 атап айтқанда 要するに
атаулы …と呼ばれるもの
атқару 遂行する, 実行する
атқарушы 執り行う者
атқылау 撃ちまくる, 何度も射る
аттас 同名の人
атты 馬に乗った
ату 撃つ, 射る
-ау …だなあ;(呼掛けで)…や, …よ
аудан 地区, 郡(州の下の行政区画);(中国の)県

аула 中庭
аулау 狩る, 漁をする
аумау〔奪格+〕(…と)そっくりである
ауру 病気
аурушаң 病気しがちの
ауыз (Ⅲ.аузы) 口
ауызекі 口頭の
ауызша 口語の;口語で
ауыл (Ⅲ.аулы)(遊牧民の)村
ауыр 重い;辛い
ауырлау 重くなる
ауыру 病む;痛む
ауырырақ より重い
ауыспалы 交替制の
ауыстыру 交換する, 替える
ауысу 換わる
ахуал 状況
аш 空腹の
ашу₁ 怒り
ашу₂ 開ける;開発する
ашулану 怒る
ашуланшақ 怒りっぽい
ашық 開いた
ашылу 開かれる
ащы 辛味の, えがらい, 辛い
аю 熊
аяқ ① 足, 脚. ② 末

# ә

ә …だよね？
әбден 十分に，しっかりと
әдеби 文学の
   әдеби тіл 標準語，文言語
әдебиет 文学
әдемі 美しい
әдемілеу 美しく飾る
әдет 習慣
   әдетте 普段，通常，ふつう
әдеттену 習慣になる，慣れる
әзірлену 準備される
әй おい，ねえ
әйел 女性；妻
әйтеуір とにかく
әйтсе де とは言え，でも
әке お父さん
әкелу (әкеліп / әкеп) 持って来る
әкету 持ち去る
әке-шеше 父母，両親
әлбетте 当然，もちろん
әлгі ① 例の，くだんの．② ええと
әлде もしくは
әлдекім ある人，誰か
әлдеқайда どこかで；はるかに
әлдеқайдан どこかから
әлдеқандай 何らかの
әлдеқашан いつか；とっくに
әлдене 何か，何らかの物事
әлденендей 何らかの

әлденеше 幾つか
әлді 有力な(者)
әлем 世界，世の中
   әлем елдері туы 万国旗
әлсін-әлсін しょっちゅう
әлі まだ
Әлім〔人名〕アリム
ән 歌
   ән айту / салу 歌を歌う
әне ほら（あれ）
әнұран 国歌
әңгіме 話
әңгімелесу おしゃべりする
әперу 持って来て与える
әр 各
   әр алуан 様々な
   әр түрлі 種々の
әрбір 各々の
әрдайым いつも
әрең やっと
әрине もちろん，当然
әркім 個々の人，各人
әрқайсы 個々のどれ
әрқандай どんな任意の
әрі₁ 且つ
әрі₂〔奪格 +〕(…より)あちら側に，先に；…以上
әріп (III.әрпі) 文字
әсем₁ 美しい
Әсем₂〔人名〕アセム

әсте 決して，ゆめゆめ
әсіресе とりわけ
әттеген-ай ああ悔しい
әттең ああ残念だ
Әуезов〔姓〕アウェゾフ
әуел 最初
әуелі 先ず，最初に
әует ① 興味, 関心. ②〔与格 +〕(…に) 興味・関心のある
әурелеу 面倒をかける，煩わせる
әшекейлеу 装飾する

# Б

баба 祖父
бағушы 飼う者
бағыну 従属する
бағыныңқы 従属している
бай 豊かな；金持ち
байқаймын 私が思うに
байқау 注意する，気付く
байланыс 関係；通信
байланысты ① 関係のある. ②〔与格 +〕(…の)関係で，(…に)つれて
байланысу 連絡を取る
байырғы 本来の
бақа 蛙
бақыт 幸運，幸福
  бақытқа қарсы あいにく
  бақытына қарай 彼は運良く
бала 子供
балгер 占い師
балық 魚
бамбу́к (Ш.бамбугы) 竹
бар ある，いる；あらゆる
  бар ғой あるじゃないか；…はね
барлық 全ての，あらゆる
бару 行く
барша 一切の
баршалық いくらでもある[いる]
бас ① 頭. ② 傍ら，たもと
басқа ① 他の. ②〔奪格 +〕…以外
басмашы〔歴史〕バスマチ
басталу 始まる
бастату 先導させる
бастау₁ 主導[引率]する，率いる
бастау₂〔=а³ +〕…し始める
бастауыш 初等の
  бастауыш мектеп 小学校
басылу 押えられる；印刷される
басым 優勢の
бату 沈む
батыр 英雄；勇敢な
батыру 沈める
батыс 西
баю (байы=) 豊かになる，富む
баяғыда 昔
баяу 緩慢な

語彙集

бәлкім 多分，恐らく
бәлі 素晴らしい，いいぞ
бәрекелді すごいぞ，でかした
бәрі (その)全て
бәрібір どのみち同じな
бәсе 案の定，やはり
безек қағу ビューンと走る
безендіру 飾る，化粧させる
безену 自身を飾る，化粧する
безеу 飾る
бейбіт₁ 平和な
Бейбіт₂〖人名〗ベイビト
бейкүнә 無実な
беймаза 不安な
бейсенбі 木曜日
бейтаныс 見知らぬ
белгілі ある一定の
береген 気前のよい
беру₁ 与える，くれる
беру₂〔=а³+〕(構わず)…する
бері ① こちら側．②〔奪格+〕…以来
берілу ① 与えられる．② 没頭する
беріңкіреу もう少し与える
бет 顔；表面，面；方向
  бет алды むやみに
  бет алу 向かう
  бет түзеу 向かう
бетер〔奪格+〕(…より)更に(ひどく)

бетон コンクリート
бетпе-бет 対面して
бес 5
бесеу 5つ，5人
бесінші 5番目
бидай 小麦
бие 雌馬
билет チケット，切符
биыл 今年
биігірек より高い
биік 高い
бланк 空欄，ブランク
боз 灰白色の
бой 体；背丈；長さ；沿い
  бой бермеу 服さない
бойлы 背丈のある
бойшаң 背の高い
бойы ①〔主格+〕(…の)間ずっと；(…に)沿って．②〔=ған⁴+〕(…した)なり[まま]
бойынша ①〔主格+〕(…に)基づいて．② 全…的に，(…を)挙げて
бокс ボクシング
бокстасу ボクシングし合う
бола〔与格+〕(…の)ために
болар なるだろう，あるだろう；…だろう
болашақ 未来
болмаса (そうで)ないならば，さもなくば

— 171 —

カザフ語文法読本

болу₁ (болып / боп) なる；よろしい
болу₂ 〔=ып³ +〕…し終わる
болыңқырау もう少しなる
борыш 義務
Боря 〘人名〙 ボーリャ
бос カラの，あいた
боталау （ラクダが）仔を産む
бөлеу （産着に）くるまれる；浸る
бөлме 部屋
бөлу 分ける
бөлік 部分
бөрік (III.бөркі) 毛皮帽
Брази́лия ブラジル
буын 節，関節；音節
бұған (бұлの与格形)
бұғы 鹿
бұдан これから，これより (бұлの奪格形)
 бұдан былай 今後
бұйра 縮れ毛の
бұл この
 бұл ара この辺り
 бұл жолы 今回
бұлар これら
бұлжымас 変わらない
бұлжымау 動かない，変わらなくある
бұлт 雲
бұлтты 雲のある，曇った
бұнда (бұлの位格形)

бұны (бұлの対格形)
бұнымен (бұлの助格形)
бұның (бұлの ① 属格形. ② 二人称・親称・所有形)
бұрын ① 以前. ② 〔奪格 +〕(…より) 前に
бұрыш₁ かど，隅
бұрыш₂ 胡椒
бұтақ 枝
бүгу (бүк=) 曲げる
бүгін 今日
бүгінгі 今日の
бүйрек 腎臓
бүйту こうする
бүкіл 全ての
бүрку (бүрік=) 液体をふりかける
бүршік （木の葉の）芽
бүтін 完全な；整数の
былай このように；次のように
былтыр 昨年
бытыраңқы 散らばった
бытырау 散らばる
біз 私たち
 біздер 私たち
біздікі 私たちのもの
білдіру 知らせる，表す
білем (…と) 私は推測する
білу₁ 知る
білу₂ 〔=a³ +〕(心得ていて) …できる
білім 知識

білімді 知識のある
бір ① 1. ② ある，とある
　бір күні ある日
біраз 少し
бірақ しかし，でも
бір-ақ 1度だけ；一気に
бір-бірлеп 1つ1つ
бірге〔助格＋〕…と一緒に
бірде-бір いかなる1つも（…ない）
бірдей 同様な，一律な
бірдеме 何か
бірден 突然
бірдеңе 何か

бірер 1, 2の，わずかの
біреу 1つ，1人；誰か
бірнеше 幾つかの
бірнешеу 幾つか
бірсыпыра 相当多くの
бірыңғай 一様な，一律な
бірігу (бірік=) 1つになる，結合する
бірізді 一貫した
бірізділік 一貫性
бірінші 1番目
біту 終わる
бітіру 終える；卒業する

# Г

газет 新聞
гектáр ヘクタール（略：га）
гөрі〔奪格＋〕…よりも
грамм (III.грамы) グラム（略：г）

граммáтика 文法
гранúт (III.граниті) 花崗岩
грек ギリシア人
гүл 花

# Ғ

ғана[2] (ғана / қана) …だけ，…のみ；ごく…な
ғапу ету 容赦する
ғарыштық 宇宙の
ғасыр 世紀

ғой[2]_1 (ғой / қой) …だよ，…じゃないか；…はね
ғой_2〔＝а[3]＋〕…しなさいな
ғұрып (III.ғұрпы) 慣習

# Д

да[4] (да / де, та / те) ① …も．② …だ．③ …であり（かつ…）；（一方は）…ではあるが（他方は

…）；…し（…する）
дайындау 準備する，用意する，作る

— 173 —

дайындық 支度，準備
дала 草原，原野；戸外
даму (дамы=) 発展する
дамыту 発展させる
даңқ (III.даңқы) 名声，声望
дау 争論；訴訟
   дау жоқ 間違いなく
дауыс (III.даусы) 声
дауыссыз 声の響きのない
   дауыссыз дыбыс 子音
дауыстаңқырау もう少し声を出す
дауыстау 声を出す
даярлану 準備される
даярлау 準備する
дәл ちょうど，きっかり
дәмді 美味しい
дәнеме 何も (…ない)
дәрі 薬
дәрігер 医者
дәрі-дәрмек 薬剤，薬品
дәрілік 薬の性質
дәріс 授業，講義
дәптер ノート，帳面
дәстүр しきたり
де …ってわけだ
деген₁ ① …といった．② …はと言えば実に…
деген₂ 〔与格+〕…に対する（思い）
дегендей 言うほどに
дегенмен とは言え，しかしながら

дейін 〔与格+〕…まで
декáбрь (III.декабрі) 12月
деліну …と言われる
дем 息；休憩，休息
   дем алу 休憩する
деп …と（言って[思って]）
демалыс 休暇
дене 体
денсаулық 健康
дерлік …と言えるほど
деу ① (…と) 言う．② 〔一人称命令形+〕(…しようと) する [思う]
домалау 転がる
домбыра 〖楽器〗ドンブラ（カザフの伝統的な擦弦楽器）
дос 友達
достық 友情
дөңгелек 丸い
дөрекі 粗野な，不格好な
дөрекілеу やや粗野な
дұрыс 正しい
дүйсенбі 月曜日
дүкен 店
дүние 世界，この世；財産
   дүние жүзі 世界中
   дүниеге келу 生まれる
дүниедегі 世界の
дыбыс 音声
дымқыл 湿った
дін 宗教

# E

е へえ，なるほど；おい，ねえ
егемен 主権の，独立の
егер もし
Егоров〔姓〕エゴロフ
егу (ек=) 蒔く；植える
егінші 農民
еді …であった
езу 口角
ей おい，ねえ
екен ① …であったのだ；…だそうだ．② → екендік
 екен де(ші) …ってなわけなんだ(ね)
екендік …であること
екеу 2つ，2人
екі 2
екінші 2番目
ел 民；国
елеу 気に留める
елу 50
елуінші 50番目
ем 薬
емес …ではない
 емес пе …じゃないか
ендеше では，ならば
енді さて，では，もう，これで
енгізілу 収められる
ең 最も，いちばん…
еңбек 労働
ер 鞍

ереже 規則
Еркін〔人名〕エルキン
ерлік 勇敢さ
ерсілі-қарсылы 行き来して，往来して
ерте 早い；昔
ертегі 民話
ертең 明日
ертеңгі 明日の
ер-тоқым 鞍や鞍褥
ерту ついて来させる
еру ついて行く，従う
еру (ері=) 融ける
ерік (Ⅲ.еркі) 自由
ерін (Ⅲ.ерні) 唇
еріну 怠ける
еріншек 怠け者の
ес 記憶
 еске түсу 思い出す
есе 倍
есептелу 勘定される；みなされる
есептеу 勘定する；みなす
ескерткіш 記念碑
ескеру 考慮する
ескі 古い
ескілік 旧習
ескішіл 保守の
есту (есті=) 聞く
естілу 聞こえる
есік 扉

カザフ語文法読本

есім 名前；名詞
ет 肉
етек 裾；裾野，ふもと
ету ① する．②〔擬音語＋〕（音が）する，鳴る
етік ブーツ，長靴
етіп〔主格＋〕…として
ex ああもう
ehe えへ
еш 何も（…ない）
ешбір いかなる1つの…も（…ない）
ешкі ヤギ
ешкім 誰も（…ない）
ешкімдікі 誰のもの（でもない）
ешқайсы いかなる人も（…ない）
ешқандай いかなる…も（ない）
ешқашан いつも（…ない）
ешнәрсе いかなる物[事]も（…ない）
ештеме 何も（…ない）

## Ж

жабдық 設備
жабу (жап=, жауып) 覆う
жабылу 閉められる，閉まる
жабыңқы 気がふさぎ込んだ
жабысу 貼り付く
жағдай 状況，状態
жағу (жақ=) 気に入る
жағылу 燃やされる，灯される
жағымды 人に好まれる
жағымсыз 好ましくない
жағыну おもねる，媚びる
жадау やつれた
жаз 夏
жазба 書写の，書かれた
жазбаша 書面式の
жазғы 夏の
жазғызу 書かせる
жаздау〔=а³＋〕（危うく）…しかける
жаздыгүні 夏季に
жаздыру 書かせる
жазу₁ 文字
жазу₂ 書く
жазушы 作家
жазылу₁ 書かれる
жазылу₂ 治る
жай 場所；状況；関すること
жайлы〔主格＋〕（…に）関して(の)
жайылу 広がる；放牧される
жайын〔主格＋〕（…に）関して(を)
жайында〔主格＋〕（…に）関して
жақ 方向，側
жақсы 良い，立派な
  жақсы көру 好く，好む
жақсырақ より良い
жақтыру 気に入らせる；好む

жақын 近い
жақындату 近づける
жақындатыңқырау もう少し近づける
жақындау 近づく
жалбыз 〔植物〕ハッカ
жалпы 公衆, 衆人
жалтырау 輝く
жалшы 使用人
жаман 悪い
жан 傍ら
  жан-жақ 四方, 周囲
жану 燃える
жаңа 新しい；先ほど
жаңағы 先ほどの
жаңбыр 雨
жапон 日本人
  жапон тілі 日本語
жапондық 日本(人)の
Жапония 日本
жапонша 日本式の；日本語
жапырақ 葉
жарамды 適合した
жарау 適合する
жариялау 発表する, 宣言する
жарқырау 光り輝く
жарлы 貧しい
жарты 半分(の)
жару 割る, 裂く
жарым 半分(の)；30分
жарыс 競走, レース

жас$_1$ 年齢
жас$_2$ 幼い, 若い
жасалу 作られる
жасанды 人工の；偽造の
жасар …歳の
жасау$_1$ 作る；なす, する
жасау$_2$ 生きる
жасты 同じ年の
жасыл 緑色の
жасылдану 緑化する
жасырыну 隠れる
жатқызу 横たわらせる
жату$_1$ 横たわる；位置している
жату$_2$ 〔=ып$^3$ +〕（бару / келу につき）/〔=а$^3$ +〕（бару / келу 以外につき）…している
жатыр$_1$ [ʒatr]（横たわって）いる, ある
жатыр$_2$ [ʒatr]〔=а$^3$ +〕（бару / келу につき）/〔=ып$^3$ +〕（бару / келу 以外につき）…している
жауап 返事, 答え
  жауап беру 返事をする
жаулау 攻略する
жауу 降る
жаю (жай=) 広げる；放牧する
жаяу 徒歩で
жә さて, では, もう十分だ
және …および, …と
жәшік 箱
жегізу 食べさせる；喰われる

жек（嫌悪）
　жек көру 嫌う，嫌悪する
жеке 単独の
жексенбі 日曜日
жел 風
желбіреу はためく
желтоқсан 12月
желім 糊
жеміс 果物
жемісті 果実のある，実のなる
жең 袖
жеңу 負かす，下す；勝つ
жеңіл 軽い
жеңіс 勝利
жер 地面，地上；地球（Жерとも）
　жер беті 地表
　жер жүзі 世界中
　Жер серігі 地球の人工衛星
　жер шары 地球
жердегі 場所にある
жерлену 埋葬される
жетектеу 率いる，導く
жеткізу 届ける
жетпіс 70
жетпісінші 70番目
жету 及ぶ，到達する
жеті ① 7. ② 週，一週間
жетінші 7番目
жеу 食べる
жинақ 総計，合計；集成，選集
жинақтық 総計の；集成の

жиналу 集められる；集まる
жинастыру 片付ける
жинау 集める
жирен 赤茶色の
жиын 会議
жиырма 20
жиырмадай 20くらいの
жиырманшы 20番目
жиырмасыншы 20番目
жоғалту なくす，失う，紛失させる
жоғалу 無くなる
жоғарғы 上にある
　Жоғарғы Кеңес 最高会議
жоғары 上；高等の
жоқ ない，いない；いいえ
　жоққа шығару 否認する
жол 道；回；行
　жолға шығу 出発する
жолаушы 旅行者
жолбарыс トラ
жолдас 同志；伴侶；…さん[氏]
жолында〔主格+〕(…の)ために
жоспар 計画
　жоспар жасау 計画を立てる
жою (жой=) 失う
жөнелу ① 急いで行く．② 〔=a$^3$+〕(迅速に)…する
жөн ① 正しい．② 方向；有様，道理；消息；関すること
жөнімен その道理を伴って，ちゃ

## 語彙集

жөнінде〔主格+〕(…に)ついて，関して
жөніндегі〔主格+〕(…に)ついての，関する
жөнінен〔主格+〕(…に)とって，関して
жуан 太い；広母音の
журна́л 雑誌
жуу 洗う
жуық 近い
жуыну 自分を洗う，入浴する
жұғу (жұқ=) ① べったりくっつく. ② 感染する
жұқа 薄い
жұқпалы 感染性の
жұма ① 金曜日. ② 週
жұмсақ 柔らかい
жұмсалу 使われる
жұмсау 使う
жұмыртқа 卵
жұмыс 仕事
жұпыны 簡素な，質素な
жұрт 民衆
жұту 呑み込む
жүгіру 走る
жүз₁ 表面；顔
жүз₂ 100, 百
 жүз мың 10万
 жүз миллион 1億
жүздеген 何百もの
жүзді 顔のある
жүзінші 100番目
жүйе 体系
 жүйеге түсу 体系化される
жүйрік 駿足の
жүк 荷物
жүн 獣毛
жүр (動いて[走って])いる；〔=ып³+〕(動いて[走って])いる
жүргізу 行う
жүрек 心臓；心
жүру₁ 行く；(せわしなく)動く
жүру₂〔=ып³+〕(習慣的[活動的]に)…する
жүріңкірey もう少し進む
жығу (жық=) 倒す
жыл 年
жылан 蛇
жылау 泣く
жылдам 速い，迅速な
жылдан-жылға 年々
жылжу (жылжы=) ゆっくり進む，漸進する
жылқы 馬(群)
жылулық 暖かさ；温度
жылы 暖かい
жылыну 暖かくなる
жыртқыш 獰猛な
жіберу₁ 送る
жіберу₂〔=ып³+〕(さっと)…す

る
жігер 勇気
жігерсіз 勇気のない

## З

завод → зауыт
зал 大広間，ホール
заң 法律；法則
заңдылық 法令
зардап 後の結果
зат 物，物質
 зат есім 名詞

## И

иə はい，そうです
игі 良い，良好な
ие ① 主人；持主，所有者．② 〔与格+〕（…を）有している
илену 捏ねられる
илеу 捏ねる
импорт 輸入
испан тілі スペイン語

## К

кáрта 地図
кáсса レジ，勘定場
кəмпит キャンディー
кəне ほら（どれ），さあ
кəрі 老いた
кебу (кеп=) 乾く
кедей 貧しい

жігіт 若者，青年
жіңішке 細い；狭母音の
жіп 糸

заттану 物質化する
зауық (III.зауқы) 興味，欲求
зауыт 工場
зерттеу 研究する
зиян 被害
зиянды 有害な
зор 大きい

ит 犬
Итбай〔人名〕イトバイ
иіскелеу 何度もにおいをかぐ
иіскеу においをかぐ
ию 曲げる
июль (III.июлі) 7月
июнь (III.июні) 6月

кез 時
кездесу 出会う，会う
кезек 順番，輪番
кезекшілік 当直の仕事
кезу 放浪する，さまよう
кезігу (кезік=) 会う，出くわす
кезіктіру 会わせる；目にする

кей 若干の，一部の
кейбір 若干の，個々の
кейбіреу 若干の人
кейде 時には
кейін ① 後に．②〔奪格 +〕(…の)後で
кейінгі 後の
кейіп (III.кейпі) 外見
кекету けなす
келтіру 来させる，もたらす
келу (келіп / кеп) 来る；〔形容詞 +〕…である
келін 嫁
келіншек 若嫁
келісу 皆来る；同意する
кеме 船
кеменгер 英明な
кемшілік 欠点
кең 広い
кеңесу 協議する，話し合う
кеңею (кеңей=) 広くなる
кеңсе 事務所
кеңінен 幅広く
кеңірек より広い
кер 栗毛の
кергілеу 引き延ばしまくる
керек 必要である
  болу керек …になる必要がある；…かもしれない
  =$са^2$ керек …かもしれない
  =$y^2$ керек …する必要がある

керекті 必要な
керу 引き延ばす
керік サイ
кесе 椀
кесек 大ぶりな
кеспе 麺
кесу 切る
кесір 危害，災難，障碍
кесіртке トカゲ
кесірінен〔属格 +〕…のせいで
кету 去る，行く
кеш 晩い；晩
  кеш жарық こんばんは
кеше 昨日
кешігу (кешік=) 遅刻する
кешірек 遅めに
кешірім 容赦，許し
  кешірім сұрау 容赦を請う
кею (кейі=) 恨む
кие 精霊
киелі 霊験のある
килогра́мм キログラム（略：кг)
киломе́тр キロメートル（略：км)
кино 映画
киім 服，衣服
киім-кешек（衣服の総称）衣類
киіндіру 自分で服を着させる
киіну 自ら着る
кию (ки=) 着る
класс (III.класы) クラス
кластас クラスメートの

колхо́з コルホーズ
ко́мплекс 複合体
конве́рт 封筒
конькиˊ スケート
 коньки тебу スケートを滑る
көбею (көбей=) 増える
көбінесе 多くの場合
көбірек より多い
көгеру 青くなる
көгілдір 淡青色の，空色の
көгірек より青い
көз 目
көзқарас 見解，観点，見地
көк 青い，緑の；青草
көкей 理解力
көкпеңбек 真っ青な
көктем 春
көл 湖
көлік 乗物
көмек 助け，手伝い
көмектесу 手伝う；効く
көмкеру （物の縁を）飾る
көму 埋める
көн 皮革
көне 古い
көңіл 心
 көңілге алу 気に掛ける
 көңіл бөлу 気を配る，配慮する
 көңіл сұрау お見舞いする
көп 多い，たくさんの
көпе-көрнеу 公然と

көптеген 多くの
көпір 橋
көркем 美しい
көрсету 示す，見せる
көрсетілу 示される，見せられる
көру ① 見る．② 〔=ып$^3$ +〕…してみる．③ 〔=а$^3$ +〕（否定形で）…するな
көрі → гөрі
көрік (III.көркі) 見栄え
көріну 見える
көрісу 会う
көтеру 持ち上げる
көтерілу 上がる
көтеріңкі 高まった
көше 通り
көшірту 書き写させる
Ку́ба キューバ
күз 秋
күздігүні 秋に
күй 状況，状態；境遇
күйбеңдеу あくせくする
күлкі 笑み，笑い
күллі 丸々の
күлу 笑う
күлісу 笑い合う
күміс 銀
күн 太陽；日；天気
 күндердің күнінде ある日
күнә 罪
күнбе-күн 日々

күрең 褐色の
күрес 闘い；格闘，レスリング
күресу 闘う；格闘する
күркіреу 雷鳴が轟く
күту 待つ；世話する
күтіну 養生する
күш 力
күшею (күшей=) 強まる
күшік 子犬
кілт 鍵

кім 誰；（名前につき）何
кімдікі 誰のもの
кінә 罪
кіру 入る
кісі 人
кітап 本
кітапхана 図書館
кішкене 小さな
кішкентай 小さな
кіші 小さい

## Қ
қабаған 咬みつき癖のある
қабат ① 階，層．② 〔助格 +〕… と同時に
қабу (қап=) かみつく
қабылдану 受け入れられる
қабылдау 受け取る；受け入れる，批准する
қабырға 壁
қағаз 紙
қадағалау 注視する
қадірлеу 尊敬する
қажет 必要な
қаз ガチョウ
қазақ カザフ人
   қазақ тілі カザフ語
Қазақстан カザフスタン
қазақша カザフ語；カザフ式の
қазан 10月
қазу 掘る

қазір 今
қазіргі 今の
қай どの
   қайда どこで
   қайдан どこから
қайғы 悲しみ
қайраттану 意気込む，発奮する
қайсы どの
қайсыбір 若干の
қайта 再び
қайта-қайта 何度も何度も
қайталау 繰返す
қайтару 帰す；返す，戻す
қайту₁ (қайт=, қайтып) 帰る
қайту₂ (қайт=, қайтып) どうする
қайық ボート，小舟
қайыр さようなら
қайырлы таң おはよう
қала 都市

カザフ語文法読本

қалай どのように
қалалық 都市の
қалам ペン
қалдыру 残す
қалтырау ブルブル震える
қалу₁ (қалып / қап) 残る, 居残る;〔奪格＋〕落後する, 失う
қалу₂ (қалып / қап) 〔＝ып³＋〕…してしまう, …する
қалың 厚い
қалып (III.қалпы) 型, 形
қалыптасу 形作られる, 形成される
қамыс 葦
қанша いくつ
қандай ① どんな. ② 何と（…なことか！）
қанша いくつ；どれだけ
қаңтар 1月
қап₁ 袋
қап₂ ちぇっ, しまった
капиталист (III.капиталисі) 資本家
капиталистік 資本主義の
қапысыз 遺憾のない
қар 雪
қара₁ 黒
қара₂ 大型家畜（馬, ラクダ, 牛の総称）
қарағай 松
қарағанда 〔与格＋〕(…に)比べると；(…に)よると

қарай 〔与格＋〕(…へ)向かって；(…に)応じて
Қаракөл 〔湖名〕カラクル湖
қарамай 〔与格＋〕(…に)関わらず
қарамақ 支配, 管轄
қарама-қарсы 正反対の
қарамастан 〔与格＋〕(…にも)関わらず
қараңғы 暗い
қарап 〔与格＋〕(…へ)向かって；(…に)応じて
қарапайым 普通の, 平凡な
қарау 〔与格＋〕目をやる, 見る
қараша 11月
қараю (қарай=) 黒くなる
қарбалас 忙しい
қарғу (қарғы=) 跳ぶ, ジャンプする
қарғылау 何度も跳びはねる
қария 老人
қарқын 速度
қарлы 雪のある
қарсы ① 向い, 反対側；反対の. ②〔与格＋〕(…に)反対[対面]して
қарт 老いた；老人
қару 武器
қару-жарақ 武器
қарын (III.қарны) 腹
қарындаш 鉛筆
қас₁ 隣, 傍ら

— 184 —

қас₂ 眉毛；鞍の前輪・後輪；縁
қас₃ 仇，敵；敵意
қасиет 特性
қасқыр 狼
қатаң 厳格な
қатар ① 列；同列，同輩．② 〔助格＋〕（…と）共 [同時] に
қате 間違え
қатты 堅い，硬い；ひどく
қатын 妻
қатынас 交通；関係
қатынасу 参加する
қатысу 参加する
қауырсын 羽根
қауіп (Ⅲ.қаупі) 危険
қашан いつ
қашу 逃げる
қиналу 苦しむ，困る
қиын 困難な，難しい；とても，すごく
қиындық 困難
қиынсыну 困難に思う，億劫がる
қиыншылық 困難
қиыр 遠方；端，隅
Қожа 〔人名〕コジャ
Қожанасыр 〔人名〕コジャナスル（頓知物語の主人公）
қозғалу 動く
қой 羊
қойшы 羊飼い
қойын (Ⅲ.қойны) ふところ

қоғам 社会
қоғамдағы 社会における
қоғамдық 社会の
қол 手，腕
қолғап 手袋
қолдану 使われる
қолданылу 使われる
қолдау 使う
қолтықтасу 腕を組み合う
қонақ 客
қонақасы 客人用の料理
қондыру 定着させる
қону 泊まる
қоныстану 居住する
қоңыр 暗褐色の
қоңырау ベル，鐘
қорған 城塞
қорқу (қорық=, қорқып) 〔奪格＋〕（…を）恐がる
қорқыңқырау もう少し恐れる
қорқыту 恐れさせる
қоршау 囲む
қос 一対の，ペアの
қош さようなら；好ましい
　қош бол! さようなら！ごきげんよう！
қошеметтеу 敬う
қою₁ (қой=) 置く；〔=ып³＋〕…しておく
қою₂ (қой=) 〔=а³＋〕（ささっと）…する

қою₃ 濃い
қуантарлық 喜ばしい
қуанту 喜ばせる
қуану 喜ぶ
қуаншылық 旱魃
қуанышты 喜ばしい
қуат 力
қуыршақ 人形
құбылыс 現象
құдай 神
құйылу 注がれる
құла 黄褐色の
құлау 倒れる
құлық (III.құлқы) 品性
құлып (III.құлпы) 錠
құм 砂
құмшекер 砂糖
құмыра 甕
құн 価値
құп よろしい
құрдас 同い年の人
құрлы〔主格+〕(…と) 同程度の
құрметтеу 尊敬する, 敬意を示す
құрт 乾燥チーズ
құру 建てる
құру (құры=) 滅びる
құрылыс 建物, 建設
құс 鳥
құстай 鳥のような
құтқару 救う

құшақ 一抱え
құю (құй=) 注ぐ
қыз 娘
қызғану ねたむ；けちる
қызмет 勤め, 仕事, 業務, 職務
　қызмет ету 勤務する；勤め[役目]を果たす
қызығарлық 興味深い
қызығу (қызық=) 興味を持つ
қызық 興味深い, 面白い
қызыл 赤い
қылу (қылып / қып) する, やる
қымбат 高価な
қымыз 馬乳酒, クミス, 発酵馬乳
қып-қызыл 真っ赤な
қырғыз キルギス人
қыркүйек 9月
қырқу (қырық=) 羊毛を刈る
қырқыншы 40番目
қырық (III.қырқы) 40
қыс 冬
қысқа 短い
қысқарақ 短めの
қысқарту 短くする
қысқартыңқырау もう少し短くする
қысқару 短くなる
қысқасы 要するに
қыстақ 村
Қытай 中国

語彙集

# Л
лазым 必要である
лайық ふさわしい
лайықты 好適な
лексикалық 語彙の

леп 微風；勢い
литр (III.литрі) リットル（略：л）
лық толы 超満員の

# М
ма⁶ (+ма / +ме, +ба / +бе, +па / +пе) …か？
магазин 店
магнит 磁石
маған 私へ（мен₁の与格形）
мағына 意味
маза 平安
мазмұн 内容
май₁ 油
май₂ 5月
майда 小さな
мақала 記事，文章
мақта 綿
мақтану 自慢する
мақтаншақ 自慢やの
мақтаныш 自慢，誇り
мақтарлық 誉めるに値する
мақтау 誉める
мақұл よろしい，同意の
мал 家畜
малта тас 丸石，玉石
малу 浸す，つける
мамыр 5月
маң 付近，周囲，周辺

маңай → маң
маңдай 額
маңыз 意義
маңызды 重要な
мап-майда 全く小さな
март 3月
масқара 恥辱，恥
мата 布
маусым 6月
машина 車；機械，機器
машиналану 機械化する
мә ほら（取りなさい）
мән 含蓄；本質
мәңгілік 永遠の，恒久の
мәртебе 地位，権威
мәселе 問題
мәселен 例えば
Мәскеу モスクワ
мәссаған おやまあ，何とまあ
Медетов メデトフ（姓）
мезгіл 時，時期
мектеп 学校
мемлекет 国家
мемлекеттік 国家の

мен₁ 私

мен³₂ （мен / бен / пен）…と，…および

менде 私に（мен₁の位格形）

мендей 私のような

менен 私から（мен₁の奪格形）

менсіз 私なし[不在]で

менше 私的には

мені 私を（мен₁の対格形）

менікі 私のもの

менімен 私と（мен₁の助格形）

менің 私の（мен₁の属格形）

меніңше 私の考えでは

металл (Ⅲ.металы) 金属

метр メートル（略：м）

ми 脳

миллиа́рд 10億

миллио́н 100万

минут 分

миллиме́тр ミリメートル（略：мм）

моде́ль (Ⅲ.моделі) 模型

мойымау 困難に屈しない

мойын (Ⅲ.мойны) 首

мол 豊富な，豊かな

молаю (молай=) 豊かになる，増える

мою (мойы=) ひるむ

мөлдір 透き通った

мөп-мөлдір 全く透き通った

му́зыка 音楽

му́льтик アニメ映画

мультфи́льм アニメ映画，動画

мұғалім 先生，教師

мұғалімдік 先生としての仕事

мұқату 嘲弄する

мұнан （бұлの奪格形）

мұнда （бұлの位格形）

мұндай このような

мұны （бұлの対格形）

мұнымен （бұлの助格形）

мұның （бұлの属格形）

мұнысы （その）これ

мұрын (Ⅲ.мұрны) 鼻

мұхит 海洋

Мұхтар (Омархан ұлы) Әуезов〖人名〗ムフタル・（オマルハン・ウル・）アウェゾフ（カザフの一作家）

мүгедек 不具の，身体障害の

мүдіру 言いよどむ

мүлік (Ⅲ.мүлкі) 財産

мүмкін ① 多分，恐らく．② …かもしれない

мүсін 姿；塑像

+мы[6] (+мы / +мі, +бы / +бі, +пы / +пі) …か(い)？

мызғымау 動じない

мына この

мынаған （мынаの与格形）

мынанікі この(人の)もの

мың 1000

мың миллион 1 000 000 000
мыңдаған 何千もの
мыңыншы 1000番目
-мыс² (-мыс / -міс) …だそうだ；（よくも）…だそうだ
мысал 例
   мысал келтіру 例を挙げる
   мысалы 例えば

мысқылдау 嘲笑する
мысық 猫
міндет 任務
міндетті 任務を負った，義務のある
міне ほら（これ）
міну 乗る

# Н

нағып → неғып
най 油
найза 槍
найзадай 槍のような
намыстану 恥辱に感じる
нан ナン，パン
наным 信仰心
нар ヒトコブラクダ
нарық (III.нарқы) 市場価格
наурыз 3月
нашар 劣った，質の悪い
нәзік か弱い，ひ弱な
нәрсе 物
нәтиже 成果
не₁ 何
не₂ もしくは
неге なぜ
негізгі 基本の
неғұрлым どれだけ（関係副詞）
   неғұрлым А болса, соғұрлым Б
   Аである分だけБである

неғып 何をして，何しに；なぜ
недеген 何と（…か！）
неліктен 何ゆえ
немене 何
немере 孫
немесе あるいは
неткен 何と（…か！）
нету 何する
неше 幾つ(の)
нешеу 幾つ，何個
нешінші 何番目
ноль (III.нолі) → нөл
норма 規範，標準
ноябрь (III.ноябрі) 11月
нөл 0，ゼロ，零
нөмір 番号
нөмірлі 番号のある
Нұржамал〔人名〕ヌルジャマル
Нұрсат〔人名〕ヌルサット
нұсқа 原稿；形式，模式
Нью-Йорк ニューヨーク

## O

облыс 州
облыстық 州の
объéкт (III.объектісі) 客体
оған (олの与格形)
ой 考え，思考
　ой жүгірту 思考を巡らせる
ойбай あれまあ，おやまあ
ойлау 考える，思う
ойнау 遊ぶ
ойпыр-ай 何とまあ
ойын 遊び，余興，催し；冗談
октя́брь (III.октябрі) 10月
оқу (оқы=) 学ぶ
оқулық 教科書，教材
оқушы 生徒
оқыту 学ばせる；教える
оқытушы 教師
ол 彼(女)，それ，あれ；その
олар 彼らのもの，それら，あれら
олардікі 彼らのもの
оларша 彼らの考えでは
Омархан 〔人名〕オマルハン
он 10
　он миллион 10 000 000
　он мың 10 000
онда そこでは；そこで，その際には (олの位格形)
ондаған 10幾つもの
ондай そのような
ондан (олの奪格形)

онсыз それなしで
онша それほど
оны (олの対格形)
онымен (олの助格形)
оның (олの ① 属格形. ② 二人称・親称・所有形)
оныншы 10番目
онысы (その)それ
онікі 彼(女)のもの
оң 右
оңай 容易な
оңтүстік 南
оңшыл 右派の
о́пера オペラ
Ораз 〔人名〕オラズ
орай ① 機会. ②〔与格+〕(…)にちなみ[際して]
орда 宮殿
о́рден 勲章
орғу (орғы=) 跳ねる
орман 森
орман-тоғай 森林
орнату 据え付ける
орнатылу 据えられる
орнығу (орнық=) 落ち着く，定着する
орнына 〔属格+〕(…の)代りに
орта 中央，真ん中；中央の
ору 刈る
орын 場所，席；代わり

орындалу 遂行される
орындау 遂行する
орынды 適切な
орындық 椅子
орыс ロシア人
　орыс тілі ロシア語
Осака 大阪
осы この
　осы ара この辺り，ここいら
осыған（осыの与格形）
осыдан（осыの奪格形）
осылай そのように
осымен（осыの助格形）
осынан（осыの奪格形）
осынау この
осында（осыの位格形）
осындай このような，そのような
осыншалық これだけの量の
осыны（осыの対格形）
осының（осыの ① 属格形. ② 二人称・親称・所有形）
осың（二人称・親称・所有形）
от 火
отан 祖国
отыз 30
отызыншы 30番目
отыр [ɔtr] ① 座っている. ② 〔=ып³ +〕（座りながら[静的に]）…している
отырғызу 座らせる
отыру ① 座る；搭乗する. ② 〔=ып³ +〕（座りながら[静的に]）…している
оу ねえ，おい；うわあ
ох おお
oh おお，ああ
oho ほほお，うふっ
ояту 目覚めさせる，起こす

## Ө

өгіз 雄牛
өз 自分，自身，本人
өзге 他の
өзгергіш 変わりやすい
өзгеру 変わる
өзен 川
өй おやまあ
өйткені → үйткені
өкінішті 残念な
өлең 歌，詩，詩歌
　өлең айту 歌を歌う
өлке 地域，くに；（中国の）省
өлтіру 死なせる，殺す
өлу 死ぬ
өлшеу 測る
өлім 死
өмір 暮し，人生，生涯
　өмір сүру 暮らす
　өмірі 生涯に渡って，人生
өн бойы 全身

өндіріс 生産
өнеге 模範
өнегелі 模範的な，優秀な
өнер 技能，技芸，技術，技
өркеш （ラクダの）瘤
өрнек 彫刻模様，レリーフ
өсу 成長する，育つ
өсімдік 植物
өсіру 成長させる，育てる

өте とても，すごく
өтер-өтпес 過ぎるか過ぎないかの
өткіздіру 過ごさせる
өткізу 過ごす
өткір 鋭い
өту₁ 過ぎる
өту₂ 鋭利になる
өшу 消える

## П

па うわあ，へえ
пайдалану 利用する
пайдаланылу 利用される
пай-пай おやおや，おやまあ
пайыз パーセント
парсы ペルシア人
па́рта 学習机
парық (III.парқы) 違い
патша 王
пәтер アパート
планета 惑星
пло́мба （虫歯の）充填物
по́езд (III.поезы) → пойыз
пойыз 列車

по́люс (III.полюсі) 極，極点
португал тілі ポルトガル語
посы́лка 小包
председа́тель (III.председателі) 議長
проце́нт パーセント
пікір 意見
піл 象
піспек 撹拌棒，かい棒
пісу₁ 熟す；煮える
пісу₂ 撹拌する
пісілу 撹拌される
пісірту 煮させる
пісіру 熟させる；煮る

## Р

ра́дио ラジオ，無線
рақмет ありがとう
рас 本当の，真実の
рези́на ゴム

реңк (III.реңкі) 色
Ресей ロシア
респу́блика 共和国
рет 順，順番

ретінде〔主格+〕…として
риза 満足
роль (III.ролі) → рөл

роман 長編小説
рөл 役割

## С

саба 革袋
сабақ 授業, 教科；宿題；教訓
　сабақ беру 授業をする
сабақтас クラスメート
сабыр 我慢
　сабыр сақтау 我慢する
саған 君へ, 君に（сенの与格形）
сағат 時間, 時
сағыну 想い偲ぶ
Садық〔人名〕サドゥク
сай〔与格+〕(…に)依拠して
сайын〔主格+〕…ごとに, 毎…に
сақал あごひげ
сақалды あごひげのある
сақтау 保つ, 守る；保存する
сала 分野, 領域
салдар せい, 原因；悪い結果
салдарынан〔属格+〕(…の)せいで
салқындау 涼しくなる
салмақ 重さ, 目方, 重量
салт 単身の
салу₁ (салып / сап) 放つ；入れる, 施す；建てる
салу₂ (салып / сап)〔=а³+〕(ついでに)…する

салым〔与格+〕…間近の頃(の)
салыну 放たれる；入れられる, 施される；建てられる
самай こめかみ
самал 微風
самолёт (III.самолёті) 飛行機
сан 数
　сан есім 数詞
сан 太腿
саналу 見なされる；数えられる
санау 見なす；数える
сансыз 無数の
сантиметр センチメートル（略：см）
сап 列
сапарлау 旅する
сап-сары 真っ黄色の
сап-сау 全く健康な
сарғаю (сарғай=) 黄色くなる
сарт ピシャリ, バタン（擬音）
сары 黄色の
сасу₁ 慌てる, 狼狽する
сасу₂ (сасы=) 腐って悪臭を放つ
сату 売る, 商う
　сатып алу 買う, 購入する
сатылу 売られる

cay 健康な，元気な
сауын 搾乳家畜
   сауын сиыры 乳牛
сахна ステージ
саяз 浅い
сәйкес〔与格+〕(…に)照らして，基づいて，応じて
сәл かすかに
сәлем 挨拶；こんにちは
сәлемет 健康
сәлемдеме 贈物
   сәлем беру 挨拶する
Сәлім〔人名〕サリム
сән 華麗さ，華美
сәрсенбі 水曜日
сәуле 光
сәулет 美観
сәуір 4月
себебі その理由は
себебінен〔主格+〕(…の)理由で
себеп 原因，理由
себепті〔主格+〕(…の)理由で
сегіз 8
сегізінші 8番目
сезгіш 敏感な
сезу 感じる
сезіктену いぶかる
сезім 感じ，気持ち
сезімтал 利発な，明敏な
сейсенбі 火曜日
сексен 80

сексенінші 80番目
секунд (Ⅲ.секунды) 秒
секілді〔主格+〕(…の)ような
Семей〔地名〕セメイ，セミパラチンスク
семіз 太った
сен 君
сенбі 土曜日
сенде 君に（сенの位格形）
сендей 君のような
сендер 君たち
сендердікі 君たちのもの
сенен 君から（сенの奪格形）
сенсіз 君なしで
сентябрь (Ⅲ.сентябрі) 9月
сену〔与格+〕信頼をおく，信じる
сенше 君的には
сені 君を（сенの対格形）
сенікі 君のもの
сенімен 君と（сенの助格形）
сенің 君の（сенの属格形）
сеніңкіреу もう少し信じる
сенер-сенбестік 半信半疑
сергу (сергі=) リフレッシュする
серік 友；衛星
Серік〔人名〕セリク
сипалау 何度もなでる
сипат 性質
сипау なでる
сиреу 薄くなる
сиық (Ⅲ.сиқы) 外観

сиыр 乳牛
сияқты〔主格+〕(…の)ような
скрипка バイオリン
советソビエト
соған それへ（солの与格形）
соғу (соқ=) たたく
соғұрлым → неғұрлым
соғыс 戦争
соғысу 戦う
содан それから（солの奪格形）
созу 伸ばす
созғылау 伸ばしまくる
сол その
  сол себепті そのために
солай そうである
солар それら（солの複数形）
солтүстік 北
сом ソム（キルギスタンやウズベキスタン等の貨幣単位）；ルーブル
сонан それから（солの奪格形）
сонда そこで（солの位格形）
  сонда ғана そこで初めて
  сонда да それでも，それにもかかわらず
сондағы そこにおける
сондай-ақ そしてまた，それと同時に
сондықтан それゆえ，だから
соны（солの対格形）
сонымен（солの助格形）

соның（солの ① 属格形. ② 二人称・親称・所有形）
соң ① 後，末，最後. ②〔=ған[4]+〕(…した)ので[以上]
соргу (сорғы=) 乾き始める
сопақ 楕円の
сопақша 楕円形の
сопақшалау やや楕円形の
сотқар 腕白な
сою (сой=) 屠る
сөз 単語，言葉
  сөз жоқ 必ず
сөздік 辞書
сөйлестірілу 会話させられる
сөйлесу 会話する
сөйлеу 話す
сөйту そうする
сөре 棚
спорт スポーツ
спортшы スポーツ選手
станция 局，ステーション
су 水；水面
суармалы 灌漑式の
суару 灌漑する
судыр-судыр カサカサ（擬音）
сумка バッグ，かばん
сурет 写真；絵，画像
  сурет салу 絵を描く
  сурет тарту 写真を撮る
сусыз 水のない
сусын 飲料

суық 寒い，冷たい；寒さ
  суық тию 寒さが障る，風邪を引く
сұйық 流動的な
сұлу 美しい
сұр 灰色の
сұрақ 質問，問い
сұрасу 互いに問う
сұрау〔奪格＋〕(…に)尋ねる
сүзеген 角突き癖のある
сүзу 角で突く
сүйікті 愛すべき
сүйір 尖った
сүңгу (сүңгі=) 潜る
сүңгіту 潜らせる
сүрту 拭く
сүртіну 自らの体を拭く
сүт ミルク，乳
сүю (сүй=) 愛する；口付けする，ほおずりする
съезд 代表者会議，大会
сығалау 覗き見る
сый 尊敬；贈物，褒賞

сыйлау 敬う，歓待する；褒賞する
сықылды〔主格＋〕…の様な
сынды〔主格＋〕…といった，…等の
сынып クラス；学年
сыңар 片一方の
сыпыру 掃く；一掃する
сыр 秘密，奥深さ
сырқаттану 病気にかかる
сырлау ペンキを塗る
сырт ① 外．②〔奪格＋〕(…の)ほかに，以外に
сыю (сый=) 収まる
Сібір シベリア
сіз あなた
  сіздер あなた方
  сіздердікі あなた方のもの
сіздікі あなたのもの
сіздіңше あなたの考えでは
сілку (сілік=) はたく；揺さぶる
сіңлі 妹
сіңу 浸み込む；消化する
сірә 多分；果して

# Т

табақ Ⅲ
табанда 直ちに，すぐ
табу (тап=, тауып) 得る，見つける
табылу 得られる，見つかる
тағам 食べ物，食品
тағы また，再び

тағы басқалары 等々（略：т. б.）
таза 清い，清潔な
тазалану 身を清める；清掃される
тазалау 清掃する，掃除する
тазалық 清潔さ
тайга́ タイガ

# 語彙集

такси́ (Ⅲ.таксиі) タクシー
тақырып テーマ，主題
талай 多くの
талшық 繊維
там 壁
тамақ 食事，ごはん
　тамақ істеу 料理を作る
　тамақ ішу 食事する
тамақтану 食事する
тамам ① 全部の．② 完了した
таман〔与格＋〕(…に)向かって
тамаша 素晴らしい
таму 滴る
тамұқ 地獄
тамыз 8月
тамызу 滴らせる
тану (таны=) 面識がある
танығыш 識別に長けた
танылу 認識される
таныс 知人，知合い
таныстыру 紹介する
танысу 知り合う
таң₁ 曙，黎明
　таң ату 夜が明ける
таң₂
　таң қалу 驚く
таңғажайып 驚くべき
таңданарлық 驚くべき
таңдану 驚く
таңдау 選ぶ
таңдаулы 選り抜きの

тар 狭い
тарану 自分の髪を櫛でとく
тарап 方向，方角；方面
тарау 櫛でとく
тарих 歴史
тарихи 歴史的な
тарта〔与格＋〕(…に)近い
тарттыру 引かせる
тарту ① 引く．② 弾く．③ 吸う
тартылу 引っ張られる，引かれる
тапқыр 機知のある
тапсырма 課業，宿題
тап-таза 全く清潔な
таптырмас 得がたい
таптыру 得らせる；得られる
тас 石
тастай 石のような
тастау₁ 捨てる
тастау₂〔=ып³＋〕（決然と）…する
тасу (тасы=) 運ぶ
тату (таты=) 味わう
татыру 味わせる
тау 山
таудай 山くらいの
таусылу 終わる，尽きる
тауық ニワトリ
таяз 浅い
таяқ 杖
　таяқ жеу 殴られる
таяу 近い
　таяуда 最近，近頃

тәжрибе 経験
тәңертең 朝
тәрізді〔主格+〕(…の)如き[様な]
тәуелді 従属下の
тәуелсіздік 独立
тәуір なかなか良い
теа́тр 劇場
тебеген (家畜が) 蹴り癖のある
тебу (теп=) 蹴る
тегі そもそも, 一体
тегін ムダな；無料の
тегінде 元来, 元々
тез 速い
тек₁ 根源
тек₂ 単に (…のみ)
  тек А ғана² 単にAだけ
  тек қана 単に, たった
тексеру₁ 調査
тексеру₂ 調べる
темекі タバコ
телевизиялық テレビの
  телевизиялық станция テレビ局
теледидар テレビ
телефо́н 電話
теңге テンゲ (カザフスタンの貨幣
  単位 (1993年11月導入))
теңіз 海
тер 汗
терезе 窓
терең 深い
те́рмин 述語

теру 摘む
тершең 汗かきの
тершу (терші=) 汗ばむ
тиімді 有用な
тиіс 必要である
тию (ти=, тиіп) ① 触る. ② 嫁ぐ
тоғыз 9
тоғызыншы 9番目
той 宴, 結婚式, 祝賀行事
  той жасау 宴を催す
ток (ІІІ.тоғы) 電流
То́кио 東京
тоқ 満腹した
тоқсан 90
тоқсаныншы 90番目
тоқталу 止む
тоқтату 止める
тоқтау 止まる
тоқым-тебінгі 鞍褥や下鞍
толқу (толқы=) 波立つ
толтыру 満たす
толу 満ちる
толық 満ちた, 充満した
тоң 凍った
тоңмай ラード
топ 集団
торы 棗色の
тосу 迎える, 待ち受ける；阻む
тою (той=) 満腹する
төбе てっぺん；頭頂
төзімді 忍耐強い

töleу 支払う
tömen 下
tömengi 下にある
töñirek 周り
tör 上座
　törge шығу 上座の席につく
töre 長, お偉方
tört 4
törtінші 4番目
törteу 4つ, 4人
tösek 寝床
ту₁ 旗
ту₂ あの, かの
ту баста 初めに
ту₃ おやまあ, 何とまあ
туралы〔主格＋〕…について(の)
турник (III.турнигі) (体操用の) 鉄棒
туу 生まれる；生む
тұз 塩
тұман 霧
тұмаурау 風邪を引く
тұнба 沈殿物, おり
тұнық 澄んだ
тұңғыш 最初の
тұр ①（立って[存在して]）いる；〔形容詞＋〕（そのさまで）ある. ②〔=ып³＋〕（断続的[持続的]に）…している
тұрғы 観点, 見地
тұрмақ〔主格＋〕…のみならず, …どころか
тұрман 馬具
тұрсын〔主格＋〕…のみならず, …どころか
Тұрсын〈人名〉トゥルスン
тұру₁ 立つ；ある, いる
тұру₂ ①〔=ып³＋〕（断続的[持続的]に）…している. ②〔=а³＋〕（暫時的に）…する
тұрық (III.тұрқы) 外貌
тұрыңқырау もう少し立つ
тұс 方向
тұщы 淡味の, 辛くない, えがらくない
түбіндегі その底にある
түгел 全て
түгіл〔主格＋〕…のみならず, …どころか
түзету 直させる, 正させる
түзеу 直す, 正す
түзу 真っ直ぐな
түзімді 耐性のある
түйе ラクダ
түйінді 結目のある；要の
түлкі キツネ
түлік 家畜
түн 夜, 晩
түнгі 晩の
түп 底；付近
түптету 装丁させる
түр 種類；相

түрде〔形容詞＋〕…の形式で，…的に
түркі チュルク人
түрлі 様々な
түрік チュルク人；トルコ人
түс 正午
　түстен кейін 午後
түсу₁ 落ちる；降りる，入る；（光が）差す
түсу₂ 〔=а³＋〕（いっそう）…する
түсіндіру 分からせる，解説する，説明する
түсіну 理解する
түсінік 理解
түсініксіз 分かりにくい，不明解な
түю (түй=) 結目を付ける
тым とても
тыныс 息，呼吸
　тыныс алу 呼吸する
тыңдау 聴く

тырнақ 爪
тырысу 励む，努める
тыс ① 外．②〔奪格＋〕（…の）ほかに，以外に
тышқан ネズミ
тігу (тік=) 縫う
тізе 膝
тізу 連ねる，数珠繋ぎにする
тізілу 連ねられる，連なる
тік 直立した
тіл ① 舌．② 言語
тілдеу 罵る
тіпті 全く，実に
тіп-тік 全く直立した
тірек 柱
тіркесу 連結する
тіршілік 生存；生命体
тіс 歯
Тянь-Шáнь〔山脈名〕天山

## У

у 毒
уағалайкүмассалам そしてあなた(方)の上にも平安あれ！
уақ 時，時期
уақыт 時間

уәде 約束
уәкіл 代表
уһ ふう，やれやれ
уыс 一握りの量

## Ұ

ұғу (ұқ=) 理解する
ұдайы いつも，たえず

ұзағырақ より遠い
ұзақ 遠い；久しい

# 語彙集

ұзаңқырау もう少し遠ざかる
ұзарту 遠ざける
ұзару 長くなる
ұзау 遠ざかる
ұзын 長い
ұзынырақ 長めの
ұйқы 眠り
ұйқышыл 寝てばかりの
ұйтқы 酵母；発端，根源
ұйықтау 眠る
ұйым 団体
ұққыш 理解力のある
ұқсаңқырау もう少し似る
ұқсату 似せる
ұқсау 似る
ұқтыру 通知
ұл 息子
ұлғаю (ұлғай=) 大きくなる
ұл-қыз 息子や娘，子女
ұлт 民族
ұлттық 民族の
ұлы 偉大な

## Y

үзбей 絶えず，途切れなく
үзеңгі あぶみ
үзінді 抜粋
үй 家
үйдегілер 家の人たち，家族
үйрек カモ
үйрену 学ぶ

ұмтылу 邁進する，励む
ұмыту 忘れる
ұн 小麦粉
ұнамды 気に入った
ұнау 気に入る
ұран 呼掛け
ұрпақ 子孫，後代
ұрсу (ұрыс=) 叱る
ұру 叩く
ұршық 紡錘，つむ
ұршықтай 紡錘のような
ұсақ 細かい
ұстау つかむ，握る；保つ
ұсыну 差し出す
ұшқыш 飛行士
ұшу 飛ぶ
ұшырау (ұшыра=) 遭う
ұялау 巣を作る；立ち込める
ұялу 恥じる
ұялшақ 恥ずかしがりやの
ұят 恥
ұятсыз 恥知らずの

үйренуші 学ぶ者
үйрету 教える
үйткені なぜなら，と言うのも
үйту そうする
үйірлеу 群となす
үйірме サークル，グループ
үлгі 模範

— 201 —

カザフ語文法読本

үлгіру 間に合う
үлкейту 拡大させる
үлкен 大きな；年上の
үміт 希望
үндемеу 声を立てない，黙る
үндестік 調和；母音調和
Үндістан インド
үнемі いつも

үст 上
үстел 机
үш 3
үшеу 3つ，3人
үшін 〔主格＋〕(…の)ために；(…に)とって
үшінші 3番目

## Ф
февра́ль (III.февралы) 2月

## Х
хабар 情報
хабардар 情報を持った，精通した
хақ (III.хақы) 道理
хал (III.халі) 健康状態

хал сұрау 機嫌伺いする
халық (III.халқы) 民，民衆
хат 手紙

## Ш
шабу (шап=, шауып) 疾駆する
шағала カモメ
шағылысу (陽光が反射して) 輝く
шай お茶
шайқас 戦闘
шайхана 喫茶店
шақты 〔数詞＋〕…くらいの
шақыру 呼掛ける，呼ぶ
шақырым キロメートル
шалғын 草むら
шалғынды 草むらのある
шам 灯火，ランプ

шама 分量，程度；力量；大略
шамалы 〔主格＋〕…くらいの
шамасы おおかた，おそらく
шапан 長い羽織，長衣，あわせ
шар 球，球体
шаруа 仕事，用事；農夫
шаршу 疲れる
шахмат チェス
шаш 髪
шәкірт 教え子，弟子
ше …はどうなのか
шебер 匠，腕利き，達人

— 202 —

語彙集

шегу (шек=) 引く
шегіну 退く
шейін〔与格+〕…まで
шек 限度
шекара 国境
шексіз 無限の，限りのない
шелек 桶
шет よその，外の
шетсіз 際限のない
шешу ほどく，脱ぐ；解決する
шешіну 自ら脱ぐ
шимай 落書き
ширақ 丈夫な
ширек 4分の1；15分
шкаф 戸棚
шөгеру（ラクダを）ひざまづかせる
шөгу (шөк=)（ラクダが）ひざまづく
шөже 雛
шөл 砂漠
шөлдеу 喉が渇く
шөп 草
шұбат ラクダの発酵乳
шұғылдану〔助格+〕(…に)取り組む
шұлғу (шұлғы=) うなずく
шүңірею (шүңірей=) くぼむ
+шы² (+шы / +ші) ①〔命令形+〕(…しな)よ．②〔条件形+〕(…すれば)どうなのか
шығар（多分）…だろう
шығарма 著作
шығу₁ (шық=) 出る；登る
шығу₂ (шық=)〔=ып³ +〕(一定の時間をかけて)…する，…し切る
шығыңқырау もう少し出る
шығыс 東
шылқу (шылқы=) 濡れる
шын 真実
шынында 本当に
шынығу (шынық=) 鍛えられる
шынықтыру 鍛える
шың 頂
шырқалу 歌唱される
шырқау 歌唱する，歌う
шілде 7月
шіркін 何とまあ（素晴らしい；惜しい）

# Ы

ыдыс 容器
ықпал 影響；同化
ықылас 熱意，注意力
ынта 熱心
ынта-ықылас ひた向きさ
ынтымақ 団結
ырық (III.ырқы) 意志，自由
ыстығырақ 熱めの

カザフ語文法読本

ыстық 熱い，暑い
ысу₁ 揉みこする

ысу₂ (ысы=) 暑くなる

# І
із 跡
іздеу 探す
ілгері ① 前に．②〔奪格+〕…前に
ілесу ついていく
ілтипат 敬意
ілу 掛ける
іліну 掛かる，吊るされる
іні 弟，年下の男性
ірку (ірік=) 倹約する
ірі 大型の
ірімтік 凝乳塊

ірімшік 乳酪
іс 仕事，事柄
істеткізу 使わせる
істету させる；使う
істеу する
іш 内，中
ішек-сілесі қату 抱腹絶倒する
ішкі 内部の
ішкізу 飲ませる
іштей 内心では，胸中
ішу 飲む

# Э
электр 電気
элемéнт (III.элементі) 要素

эпопéя 長編歴史物語

# Я
я または，あるいは
яғни すなわち，つまり
яки 或いは

янвáрь (III.январы) 1月
япыр-ай 何とまあ
япырым-ай あれまあ，おやまあ

# 回答集

## 文法編

**【問1】**

1) ағаш<u>тар</u>
2) әңгіме<u>лер</u>
3) дос<u>тар</u>
4) есік<u>тер</u>
5) жер<u>лер</u>
6) ит<u>тер</u>
7) қыз<u>дар</u>
8) өлең<u>дер</u>
9) сұрау<u>лар</u>
10) үй<u>лер</u>

**【問2】**

1) ба<u>сы</u>
2) денсаулы<u>ғы</u>
3) жемі<u>сі</u>
4) кітапхана<u>сы</u>
5) кіші<u>сі</u>
6) мекте<u>бі</u>
7) оқушы<u>сы</u>
8) ха<u>ты</u>
9) дәптерлер<u>і</u>
10) қағаздар<u>ы</u>

**【問3】**

1) 言葉の意味
2) 学校の生徒たち
3) オラズの年齢
4) 6の半分
5) 10月7日
6) チェスの面白み
7) 子供たちの内の5人
8) 私の部屋の窓
9) あなたの友達の本
10) 彼女の目の美しさ

**【問4】**

1) көз<u>ге</u>
2) оң<u>ға</u>
3) сабақ<u>қа</u>
4) дәрігер<u>ге</u>
5) жеміс<u>ке</u>
6) сол<u>ға</u>
7) достарым<u>а</u>
8) үйің<u>е</u>
9) күнін<u>е</u>
10) асқазан ауруын<u>а</u>

カザフ語文法読本

【問5】
1) сабақты
2) көзді
3) мектепті
4) тәжрибені
5) достарымды
6) оқушыларыны
7) үлкендерді
8) кітабыңды
9) қолдарыңызды
10) қазақ тілін

【問6】
1) хатта
2) суда
3) мектепте
4) жазда
5) түнде
6) сабақта
7) кітабыңда
8) көктемде
9) орыс тілінде
10) отыздар шамасындағы жігіт

【問7】
1) сабақтан
2) көзден
3) мектептен
4) тәжрибеден
5) достарымнан
6) оқушыларынан
7) үлкендерден
8) кітабыңнан
9) қолдарыңыздан
10) қазақ тілінен

【問8】
1) атпен
2) машинамен
3) тұзбен
4) мұғаліммен
5) автобуспен
6) оқушылармен
7) ықыласпен
8) үлкен әріппен
9) өз сөзіңізбен
10) аңның ізімен

【問9】
1) 私は日本人です.
2) 私たちは同じ年です.

回答集

3) あなたは私の先生です．
4) その日君はいませんでした．
5) 彼はカザフ人です．

【問10】
1) 彼自身が来る(こと)
2) 私にあなた自身を紹介する(こと)
3) それぞれの家々に帰る(こと)
4) 覚えること自体
5) セルフサービスする(こと)

【問11】
1) これは誰ですか？
2) ここに来い！
3) その時彼は何歳くらいでしたか？
4) 君あれを私にちょうだいな．
5) 君これに似せて1つ作ってよ．

【問12】
1) 君の名前は何ですか？
2) 本はどこですか？
3) 彼はどこから来ましたか？
4) 何て良い人たちなんだ！
5) 働かざるもの喰うべからず．

【問13】
1) この全て
2) 全世界の民衆
3) 全郡の名声
4) 全国の青年たち
5) 私たち全員

カザフ語文法読本

【問14】
  1) 誰かが君に何かを言いましたか？
  2) 馬乳酒を誰もが飲みます．
  3) 任務はとっくに遂行されました．
  4) これは各々皆の義務です．
  5) 一部の人々の家は被害に遭いました．

【問15】
  1) 何らその必要もない．
  2) 1つも成果がない．
  3) 村には誰もいないのか？
  4) 全然大丈夫です．
  5) 何も聞こえなかった．

【問16】
  1) これは誰のですか？
  2) この本は私のものです．
  3) 彼のは正しくありません．
  4) 私のを見て下さいな！
  5) 客人たちは彼らの（〜彼の）家に泊まっていった．

【問17】
  1) 食事の前に
  2) 誰かの代わりに
  3) 冬の半ば以来
  4) 壁の下に
  5) この中に

【問18】
  1) ағырақ より白い
  2) көгірек より青い

3) қысқарақ 短めの
4) ұзынырақ 長めの
5) ыстығырақ 熱めの

【問19】
1) ең ескі 最も古い
2) ең кедей 最も貧しい
3) ең қысқа 最も短い
4) ең ұзын 最も長い
5) ең ыстық 最も熱い

【問20】
1) дөп-дөңгелек まん丸の
2) қып-қызыл 真っ赤な
3) сүп-сүйір 実に尖った
4) сұп-суық 実に寒い
5) тіп-тік 実に直立した

【問21】
1) биіктеу やや高い
2) жеңілдеу やや軽い
3) нашарлау やや劣った
4) ұзындау やや長い
5) суықтау やや寒い

【問22】
1) 明日の
2) 社会の
3) 山くらいの
4) 雲のある，曇った
5) 恥知らずの

## 【問23】
1) 角突き癖のある
2) 喜ばしい
3) 変わりやすい
4) 恥ずかしがりやの
5) 散らばった

## 【問24】
1) елу алты
2) жетпіс екі
3) бес жүз алпыс төрт
4) бір мың жиырма алты
5) он сегіз мың тоғыз жүз отыз бес

## 【問25】
1) алтыдай　6くらいの
2) отыз екідей　32くらいの
3) он-он бестей　10〜15くらいの
4) жетпіс-сексендей　70〜80くらいの
5) үш жүз елудей　350くらいの

## 【問26】
1) нөл бүтін оннан алты
2) екі бүтін оннан үш
3) нөл бүтін жүзден қырық бес
4) жеті бүтін жүзден төрт
5) он тоғыз бүтін мыңнан жүз елу сегіз

## 【問27】
1) оныншы қантар
2) екінші сәуір

3) он жетінші шілде
4) отызыншы қыркүйек
5) жиырма бесінші қараша

【問28】
1) азайма= 減らない
2) бірікпе= 1つにならない
3) еріме= 融けない
4) көбейме= 増えない
5) кеппе= 乾かない
6) көмбе= 埋めない
7) оқыма= 読まない
8) сіңбе= しみ込まない
9) тойма= 満腹しない
10) ұқпа= 分からない

【問29】
1) болыңқыра= もう少しなる
2) дауыстаңқыра= もう少し声を出す
3) жүріңкіре= もう少し進む
4) қорқыңқыра= もう少し恐れる
5) шығыңқыра= もう少し出る

【問30】
1) 彼は私たちに歌を歌わせました.
2) 店はいつ開かれましたか？
3) 彼はカラクル湖畔に埋葬されました.
4) 彼は草むらに隠れました.
5) 彼らは殆ど全員集まりました.

【問31】
1) айтты 彼(ら)は言った
2) естідің 君は聞いた
3) жаздыңыз あなたは書いた
4) үйрендік 私たちは学んだ
5) шықтыңыздар あなたたちは出た
6) оқыдым 私は読んだ
7) кестіңдер 君たちは切った
8) тойдық 私たちは満腹した
9) сенбедім 私は信じなかった
10) бармадыңыздар あなたたちは行かなかった

【問32】
1) Мен айтсам қайтеді?
　　私が言えばどうですか？
2) Біз үйренсек қайтеді?
　　私たちが学べばどうですか？
3) Сіздер шықсаңыздар қайтеді?
　　あなた方が出ればどうですか？
4) Олар естімесе қайтеді?
　　彼らが聞かなければどうですか？
5) Өзіңіз үйренбесеңіз қайтеді?
　　あなたご自身が学ばなければどうですか？

【問33】
1) Мен едім.　　　　6) Біз едік.
2) Сіз едіңіз.　　　　7) Олар еді (無し).
3) Сіздер едіңіздер.　8) Сендер едіңдер.
4) Сен едің.　　　　9) Өзім едім.
5) Ол еді (無し).　　10) Өзің едің.

回答集

【問34】
1) 私はあなたにいくらお支払いしましょうか？
2) 君たち行って下さい．もう私たちは待たないことにしよう！
3) 彼は帰るがいい！（彼は帰っても構わない）
4) 私に胡椒を取って下さいな．
5) では私たちは行きましょう．

【問35】
1) сұрап      6) беріп     11) қорқып
2) жеп       7) оқып      12) қайтып
3) жазбап    8) естіп     13) қайтіп
4) келмеп    9) тауып     14) тойып
5) алып (～ап) 10) шығып   15) көбейіп

【問36】
1) сұрай      6) бере      11) қорқа
2) жей       7) оқи       12) қайта
3) жазбай    8) ести      13) қайте
4) келмей    9) таба      14) тоя
5) ала       10) шыға     15) көбее

【問37】
1) 私たちは本を取りに来ました．
2) 君はどこに出かけようとしているんだ？
3) 私は手紙を書こうとしています．
4) 私はあなた方と会わずに多年が過ぎました．
5) 私たちは家から出て以来，何を見て何を知ったかを，一人一人言い合おう．

【問38】
1) 私の両親は，（過去に）高等教育を受けています．

— 213 —

2) 君は朝から水を飲んでいません．喉が渇いたでしょう．
3) 君は医者に言った方が良いです．
4) 年齢が大きくなると顔にしわが寄ります．
5) あなたが何を言ったのかを私は分かりませんでした．
6) 彼がここいらから立ち去って3年になりました．
7) 彼はよく勉強したのでたくさん知っています．
8) また会うまでさようなら．
9) 遊びに没頭するよりも，君は知識の習得に励んだらどうなの．
10) 小さな事柄だとはいえども，その意義は大きいです．

【問39】
1) タクシーの停まる場所はどこですか？
2) 私たちが学ぶ学校には1000人の生徒がいます．
3) 君もこのようなことを見たら，そうするんじゃないの．
4) 近頃食事が消化しなくなりました．
5) 君は図書館へいつ行くことになっている[いた]？
6) 彼は腹ぺこの狼を初めから助けなければ良かったのです．
7) この薬をどう使うのかをあなたは説明して下さい．
8) 近々授業が始まるので，生徒たちは皆戻って来ました．
9) 私は以前小説を読むのが好きでした．
10) 記念碑は大きな花崗岩の上に据え付けられたのでした．

【問40】
1) 仕事がなければ彼は来るでしょう．
2) 3,4日後に私たちは話し合いましょう．
3) 兄が褒美する以上，弟はもらうものだろ！
4) 必要となろうと思って私は少しついで買いしました．
5) 君は言おうとしていることをちゃんと言いなさい．
6) 彼は何をすべきか分からずひどく狼狽しました．
7) 全地球を大きな磁石と言っても良いでしょう．
8) 君はゆっくり話したらだめなのですか？

9) 今日雨は降らずにおくかなあ？
10) 彼は言わんとした時に，発言をはたと止めてしまいました．

## 【問41】
1) 仕事を監査する人たちが私たちのところに来ました．
2) 私はバイオリンを弾くのが好きです．
3) あなたは普段，その何号のものをお召しですか？
4) すみません，贈物はここから送りますか？
5) 今後君は来ないでくれ．

## 【問42】
1) 私は行くつもりではありませんでした．
2) 私たちは彼に与えることにしました．
3) 彼は君をここで待つことにしました．
4) 彼らはボートに乗って何をするつもりですか？
5) いかなる困難があろうとも，彼を阻むことはできません．

## 【問43】
1) 誰が行きたくなりましたか？
2) 私はあなたに謝罪しなければなりません．
3) 私たちは今日まで君の言葉を待ち続けています．
4) 彼は自宅に行ったかもしれません．
5) 本が来るや，私たちはあなたに通知を送ります．

## 【問44】
1) お許し下さい，私は来られませんでした．
2) 私たちは無言でやって来ていました．
3) あなたはささっと手伝って下さいな！
4) 君は入らずにおきなよ．
5) あなたはお金がなければ，私がしばらく貸しましょう．

カザフ語文法読本

【問45】
1) 彼は文章を書いていて，一方私は新聞を読んでいます．
2) 彼は（且つ）美しく且つ速く書きます．
3) 君が行けよ，もしくは私が行こう．
4) 彼は明日来るかも知れないし，来ないかも知れません．
5) 私は学校に来ることが出来ませんでした．なぜなら病気にかかってしまったからです．

【問46】
1) ああ何てことだ，私は遅刻してしまった！
2) どれ，君は頭にかぶって見なよ．
3) ちぇっ！最終のバスが行ってしまったよ！
4) 何ということだ，9時になってしまったじゃないか．
5) 素晴らしい，今日の晩は何と美しいことか！

【問47】
1) 多分，通りで落としてしまったんじゃないの．
2) やはりね，私自身もそう考えたんです．
3) 多分，彼は私を覚えていないと思いました．
4) 必ず君は彼から許しを請わなければなりません．
5) 本当にそれは真実でしょう．

【問48】
1) 私は彼と電話で話しました．
2) お茶よりも，もしあればアイランを下さい．
3) 君は晩までに帰って来い．
4) 知らないと言ったら知らないんだ！
5) 私は本を買うために店に行きます．

【問49】
1) 君は何才だい？

— 216 —

2) 私は急いでいます．
3) あなた方は知合いではないのですか？
4) 私たちはここに仕事で来ています．
5) 彼は私より年下です．

【問50】
1) 君たちは何をしていますか．
2) 飛行機が飛んで行きます．
3) 1匹の子犬が水辺から出られないでいます．
4) 子供たちはリンゴをあくせく摘んでいます．
5) 私はここ2,3日，食欲がありません．
6) 勉強以外に君はまたどんな活動を(日頃)していますか？
7) 彼は喫茶店でお茶を(座って)飲んでいます．
8) つい先ほど私たちは君について(座って)話していたんだよ．
9) 彼らは戸外で立ち話をしています．
10) 君は私が誰だか分かりませんか？

【問51】
1) この子は全く腕白だなあ．
2) 誰かいると思いますよ．
3) お前は良くて，私は悪いのか？
4) 先生が教室に入り，授業を始めました．
5) とても美味しいなぁ．
6) どのみち同じじゃないですか．
7) これだけしか残っていない．足りないかなあ？
8) 君は夜通し寝なかったのかい？
9) 彼は馬にも乗れないくせに，以前は勇者だったんだってさ．
10) 無いことがありましょうか！もちろんあります．

カザフ語文法読本

## 読本編

【第1課】
ラクダ
　四畜の長は，ラクダです．ラクダは得がたい乗物です．その肉は食料であり，その発酵乳は飲料であり，その毛は衣服となります．ラクダは砂漠にとても忍耐強いです．それ（ラクダ）は，フタコブとヒトコブがいます．ヒトコブラクダを「ナル」と呼びます．ラクダは2年に1度出産します．


【第2課】
水鳥
　世界には様々な鳥たちがいます．それらの幾つかを水鳥と言います．その理由は，彼らが大体水辺で暮らすからです．水鳥とは，ガチョウ，カモ，カモメ 等々です．彼らは水に沈みません．彼らの羽毛や羽根は脂が付いています．だから，彼らに水は染みません．


【第3課】
ハッカ
　ハッカは3月末に生え始めます．ハッカは多湿で生茂った草地で多く見られます．ハッカは薬剤としての意義が大きいです．ハッカは腎臓病や風邪を引いた際に薬として使われます．
　私は病気になった時，その沈殿物を飲みました．私はハッカが好きです．


【第4課】
春
　雪が融けました．陽気は暖かくなりました．春になりました．日は長くなり，夜は短くなりました．木々は芽吹きました．暖かい地方に去った鳥たち

— 218 —

が，再びやって来ました．家畜は青草に放牧されるようになりました．

## 【第5課】

アラタウ

アラタウは老いた祖父のようです．アラタウは多くの世紀を経験しました．アラタウの懐で幾千もの人が呼吸し，子孫を育てました．人々はアルマトゥを花で彩り，美観で飾りました．世界に山々は多い，しかしアラタウに及ぶものがあろうか！

## 【第6課】

アイナクル

この非常に透き通っている美しい湖が，アイナクルと呼ばれるのは，ダテではありません．その実に清らかで澄んだ水は，太陽に光って，鏡のように輝きます．その底の黄金のような真っ黄色の砂と極小の丸石は，とてもくっきり見えています．周りを取り囲む槍のように真っ直ぐに突き立った葦が，風にカサカサ音を立てます．

## 【第7課】

オラズ

オラズには本が多いです．戸棚の上の3つの棚は，いっぱいです．美しく並べて集めてあります．戸棚の下の棚も，カラではありません．そこには，家畜や鳥，獣や人の幾つか複数の模型が並んでいます．ニワトリや雄牛，サイの模型は，本物と全くそっくりです．これらは，オラズ自身が作りました．

カザフ語文法読本

【第8課】
　　　　　　　　　　　　私の妹
　私にはアセムという妹がいます．彼女はまだ幼いです．でも利発です．絵を描くことや歌を歌うこと，民話を聞くことを好みます．家の人たちは，「彼女が立派に成長するかは，お前にも関係があるんだよ．というのも，彼女はお前を見習うからです．」と言います．だから私は，いつも正直で清くあることに努めます．


【第9課】
　　　　　　　　　　　　サリムとアリム
　ある日，サリムが中庭でアリムという友達と遊んでいました．家に，手に杖を握った，長い白いひげの老人がやって来ていました．
　サリムは走って行って挨拶をしました．老人は，
「ありがとう（← たくさん長生きしなさい），坊や！君のおじいさんはお前さんを立派にしつけたね．」と満足しました．
　彼はサリムの友人アリムを見て，
「坊や，お前さんはなぜ老人に挨拶しないんだい？」と尋ねました．
「おじいさん，私はあなたを知らないじゃないですか．」と返事をしました，アリムは．「年長者たちには，面識がなくてもサリムのように挨拶をして，敬意を示す必要があるんだよ．」と言いました，老人は．
　アリムは恥じてうつむきました．


【第10課】
　　　　　　　　　　　　私たちの先生
　私たちが6年生で勉強していた時，メデトフという先生がやって来ました．背丈が高く面長めの顔をして，目が大きく鋭くて，30歳くらいの青年でした．メデトフは厳しい先生でした．いつもいやみっぽくしゃべり，授業が分からない子供たちをあざ笑って馬鹿にして，時には罵っていたものでした．でも，授業は上手に教えたものでした．彼の教えた授業で，不明解なも

— 220 —

のは何もありませんでした．クラスの各子供が，授業を十分に理解し終えるまで，彼は何度も何度も問いを出して，子供たちに言わせて，時には自らも繰り返し話してやっていたものでした．生徒たちを，且つ注視し且つ導きつつ，講義を生徒の記憶にしっかりと定着させるものでした．それゆえに，彼を生徒たちは好いて，尊敬したものでした．

【第11課】
スポーツ選手ベイビト

　ベイビトは，クラスにおける子供たちの，最も小さくひ弱な子でした．このことは，とりわけ，体育の授業にて明白に観察されるものでした．列に並んで立った際に，生徒たちの最後にいました．そのことに，自らも口惜しく思っていました．背の低さからなのか，いやまたはクラスでその本人が同名のもう1人の生徒がいたからなのか，子供たちは彼を「小さなベイビト」と呼んだものでした．ところが，その小さなベイビトは，走ると鳥の様に飛ぶように走り，競走の先頭の座を開け渡さないものでした．

　はやく成長し大きくなることが彼の念願でした．彼の兄たちは，中庭の片隅に鉄棒を据え付けてくれました．ベイビトは，毎日鉄棒に引っ張られて，ついには紡錘のようにくるくる回るようになりました．体を鍛えること，スポーツへの取り組みは，ベイビトの変わらない習慣へと転じました．3年生になった時には体は成長し，いっそう意気込んでゆきました．

　小学校を卒業した年の夏に，スポーツに興味を持つ一団の村の子供たちが，ボクシングのサークルに参加するようになりました．彼らから小さなベイビトも落後しませんでした．ボクシングをし合うんだと出かけて，自分より大きな子供たちからパンチを受けることも時々ありました．でも，ベイビトは，目指した方向を変えず，ボクシングの技術に対する興味関心がより増していったのでした．

## 【第12課】
### ムフタル・アウェゾフ

　未来の作家は，1897年の秋に，セメイ州のアバイ地区で誕生しました．チュルク，アラブ，ペルシャ文学に精通した祖父アウェズは，「解放された」，「有識の」，「選り抜きの」といった意味を表す「ムフタル」という名前を，自分の長男オマルハンと，愛すべき嫁ヌルジャマルから生まれた初孫に名付けました．

　アウェズは，老いた偉大な詩人アバイの親友でした．彼はアバイの詩歌を書き写し装丁させて，教科書代りに利用し，自分の子供たちと孫たちに，自ら授業をするのです．

　ある日，アウェズ爺さんの前に，5，6歳の，広い額で巻き髪をした子供であるムフタルも，生徒となって膝をつくのです．

　後にアバイの生涯は，英明な作家ムフタル・アウェゾフの終生の芸術テーマとなりました．彼は世界に知られた長編歴史物語『アバイの道』を書くのです．


## 【第13課】
### アルダル・クセと金持ちの子

　ある日，アルダルが戸外を徒歩で歩いて来ていると，前から1頭の乗用馬に乗った人に出会います．挨拶をして言葉を交わした後，「あんたの名前は何と言うの？」と言うのです．先ほどの人はアルダルに対して．
「私の名前はアルダルです．」
「おや，お前さんは例の嘘つきアルダルなのかい？」
「はい．」
「どれ，私を騙して見なよ」
「おやまあ！」と太腿を1回叩きます．そこでアルダルは，「騙す斑の杖が家に置きっぱなしだ．君の馬をちょっと貸してよ，取って来よう．」
　金持ちの子は降りて，馬を与えます．アルダルは次のように進み出ながら，
「騙したというのはこれなんだよ．さようなら！」と言って馬を駆ります．

回答集

金持ちの子は，騙されたのをそこで初めて知って，太腿を1回叩くのです．


【第14課】
コジャナスルの宴訪問
　昔，ある人が宴を催したそうな．宴には多くの人が集まったそうな．コジャも来たそうな．コジャナスルの上着は質素であったとさ．彼を誰も気に留めなかったそうな．「上座へ上がりな，食事を食べな」と言わなかったそうな．
　コジャは出て行って自宅に戻り，良さげな服を着て再びやって来ます．
　今回は，家の主人はコジャナスルを敬い，上座に席を与えるのです．肉が来た際，
「コジャ様，お取り下さい，お取り下さい！」と恭しくします．
　コジャは肉を食べず，皿に羽織の袖を浸して，
「食べろ，私の羽織よ，食べろ！」と何構わず言うのです．家の主人は，
「あなたのこの行いは一体何ですか？羽織は肉を食べるんでしたか？」と言ったそうな．
　そこでコジャは，
「あんたは人を敬わないじゃないですか．服を敬うんですよね．だから，私は私の羽織に食べさせているんです！」と答えるのです．


【第15課】
馬乳酒
　馬乳酒は霊験ある食品とみなされます．雌馬のミルクから馬乳酒を作るために，それをサバと呼ばれる皮袋に，温かい状態ではなく，冷ました状態で注ぎます．温かい状態で注げば，馬乳酒は酸っぱくなります．サバに注がれた馬乳酒を，撹拌棒で頻繁に撹拌します．馬乳酒は，撹拌されれば撹拌されただけ，淡白で美味しくなります．撹拌の少ない馬乳酒には凝固成分が多くなり，飲むには好ましくありません．
　家に立ち寄った人には，カザフの味覚を馳走しないでは見送りません．そ

こで差し出されるのが，あれば馬乳酒で，それがなければサワーヨーグルト，凝乳，乾酪のような食べ物でした．

【第16課】
馬具

　カザフ人は，馬具を装飾することに多くの関心を払いました．そのために，金や銀のような高価な材料を利用しました．例えば，鞍橋や鞍褥・下鞍の表面，鐙，その他の馬具の全体に，似つかわしい華麗な模様を施し，宝石でいっそう美しく飾り立てました．そのような馬具の全一式をこしらえたことに，匠に馬やラクダのような大型家畜の1頭を報酬に支払いました．有力者に媚びたく思った若干の匠は，彼らの子女に，美しい鞍や鞍褥を作って持って行き，その褒美に，群をなし家畜を駆って帰るという時代もありました．

【第17課】
水の特性

　水が無ければ生命はいません．それなしでは鳥獣も，人も生きて行けません．全草原，森林，地上の植物は，全て水に依存しています．
　海と海洋を人は船で航行し漁をします．水は発電所を通じて電気を供給します．水なしでは清潔さもありません．水は最も有益な交通路です．重い荷物も旅客も船で往来します．
　水が無ければナンは捏ねられないし，建築用セメントは水なしでは結合しないし，水が無ければ本もノートの紙も，服を縫う布やゴム，金属，薬剤と名の付くもの，1個のキャンディーも作られません．ほら，水の特性はそのようなものです．

回答集

【第18課】　　　アニメ映画は私たちにどのように放映されるか？
　地球の上を，通信業務を執り行う衛星が飛んでいます．通常それらのいくつかは同時に仕事を行います．テレビ局は自分の上を飛んでいる衛生に情報を送ります．それは自分に来た情報（画像）を地球の他の地区に飛んでいる衛星に届けます．それらは，例の情報（画像）を自分たちがある場所から地上に再び送ります．地上ではそれを，モスクワや東京，ニューヨークから，何千キロという遠くにあるテレビ局が受信します．衛星は，迅速で遺憾なくきっかりと仕事をします．ほら，そのお陰でアニメを私たちの惑星の色々な都市に住んでいる子供たちが，同時に見ることが出来るのです．宇宙通信の驚異的な不思議も，人がする仕事も無限です．


【第19課】
　　　　　　　　　　　　　偉大な日
　カザフスタンは，私たちの愛する祖国です．1991年の12月16日は，その歴史上における偉大な日です．その日にカザフスタンは，自らの独立を宣言しました．カザフの民衆は，何世紀にもわたって切望した理想に到達しました．我が国は，主権国家となったのです．
　現在，カザフの国家を世界中が知っています．その空色の旗は，ニューヨークにある万国旗の間で，はためいています．私たちの国歌は，世界の隅々で，カザフ語で歌唱されます．このことは，私たちの心を，誇り高い気持ちにひたらせます！私たちは，母語を大切にします．偉大な祖国カザフスタンを，こよなく愛します！我が国の若い世代は，その名声を天高く飛び立たせることを夢見ます．


【第20課】　　　カザフ語はカザフ人の標準語であり国家語です
　私たちが標準語と言っているものは，書面文学を通じて体系化した，普通の話し言葉よりも上位にある，公衆に対して同様な務めを持ち，公正に受け

— 225 —

カザフ語文法読本

入れられた規範のある,社会的な職務が多岐に及ぶ言語です.口頭の話し言葉では,多くの単語を各人が各様に言う一方,標準語はそれを人々が皆同様に話し,同様な形式で使います.そのような一貫性は,言葉を書く際にも話す際にも,文法においても,また術語の用い方においても定着し,出来上がります.この形成された一貫性を,規範と呼びます.規範化していない言語は,標準語とはみなしません.

　標準語は,社会では書面と口語の形で職務を果たします.もし,標準語が社会の国語であれば,そこでは人生のあらゆる領域で広く用いられます.なにがしかの歴史的な理由で,一定の民族の標準語が自らの言語ではなく,他のある民族の言語であることもあります.この状態は,その民族が独立性を失い,他の民族への従属関係を生みました.例えば,インドでは標準語は長年にわたって英語でした.今のブラジルの標準語はポルトガル語で,アルゼンチンとキューバの標準語はスペイン語です.一方,私たちの国においては,カザフ語がカザフ人の標準語です.1989年の10月に,共和国最高会議が承認したカザフスタンの言語についての法律に基づいて,カザフ語に国家的権威が与えられました.


著者紹介

**中嶋善輝**［なかしま・よしてる］

　　1971年　愛知県生まれ.大阪大学大学院言語文化研究科専任講師.
　　1992年〜1994年　ウランバートル在住,1997年〜1999年　中国・内蒙古大学留学,
　　1999年〜2000年　中国・新疆大学留学.
　　2006年,大阪外国語大学言語社会研究科言語社会専攻,博士後期課程修了.
　　専門はモンゴル語学,アルタイ言語学,チュルク語学.

目録進呈　落丁本・乱丁本はお取替えいたします。

平成25年4月10日　©第1版発行

カザフ語文法読本

著　者　中嶋善輝

発行者　佐藤政人

発行所
株式会社 大学書林
東京都文京区小石川4丁目7番4号
振替口座　00120-8-43740番
電話　(03)3812-6281〜3番
郵便番号　112-0002

ISBN978-4-475-01896-8　　豊国印刷・牧製本

## 大学書林
### 語学参考書

| 著者 | 書名 | 判型 | 頁数 |
|---|---|---|---|
| 竹内和夫 著 | トルコ語辞典（改訂増補版） | A5判 | 832頁 |
| 竹内和夫 著 | 日本語トルコ語辞典 | A5判 | 864頁 |
| 勝田　茂 著 | トルコ語文法読本 | A5判 | 312頁 |
| 勝田　茂／アイシェシンエムレ 著 | トルコ語を話しましょう | B6判 | 144頁 |
| 竹内和夫 編 | トルコ語基礎1500語 | 新書判 | 152頁 |
| 水野美奈子 編 | トルコ語会話練習帳 | 新書判 | 238頁 |
| 竹内和夫／勝田　茂 訳註 | トルコ民話選 | B6判 | 240頁 |
| 松谷浩尚 著 | 中級トルコ語詳解 | A5判 | 278頁 |
| 松谷浩尚 編 | トルコ語分類単語集 | 新書判 | 384頁 |
| 林　徹／アイデンヤマンラール 著 | トルコ語会話の知識 | A5判 | 304頁 |
| 水野美奈子／アイデンヤマンラール 著 | 全訳中級トルコ語読本 | A5判 | 188頁 |
| A.ギュルベヤズ 著 | 頻出度順トルコ語基本1000語 | 新書判 | 240頁 |
| 小沢重男 編著 | 現代モンゴル語辞典（改訂増補版） | A5判 | 976頁 |
| 小沢重男 著 | モンゴル語四週間 | B6判 | 336頁 |
| 小沢重男 編 | モンゴル語基礎1500語 | 新書判 | 128頁 |
| 小沢重男 編 | モンゴル語会話練習帳（改訂版） | 新書判 | 188頁 |
| 小沢重男 著 | モンゴル語の話 | B6判 | 160頁 |
| 塩谷茂樹／E.プレブジャブ 著 | 初級モンゴル語 | B6判 | 240頁 |
| 塩谷茂樹／Ya.バダムハンド 著 | 初級モンゴル語練習問題集 | B6判 | 296頁 |
| 塩谷茂樹／E.プレブジャブ 著 | モンゴル語ことわざ用法辞典 | B6判 | 368頁 |
| 鯉渕信一／D.ナランツェツェグ 著 | モンゴル語慣用句用例集 | B6判 | 312頁 |
| 小沢重男 著 | 蒙古語文語文法講義 | A5判 | 336頁 |
| 田中セツ子 著 | 現代モンゴル語口語辞典 | A5判 | 392頁 |

—目録進呈—